좋은기분

CALM ENERGY

Copyright © 2003 by Robert E. Thayer
All rights reserved
Korean Translation Copyright © 2012 by Mind House Publishing.
Korean Translation Rights arranged with Carol Mann Agency through EYA(Eric Yang Agency).

이 책의 한국어판 저작권은 EYA(Eric Yang Agency)를 통해 Carol Mann Agency와 독점 계약한 도서출판 '생각속의집'에 있습니다. 저작권법에 의하여 한국 내에서 보호를 받는 저작물이므로 무단전재와 복제를 금합니다.

하루를 이기는 힘
좋은 기분

로버트 E. 테이어 지음 | 김학영 옮김

생각속의집

좋은 기분이란
　우리의 몸과 마음이
　　조화를 잘 이룬 상태이다

저자의 말

기분을 바꾸면 하루가 바뀐다

현대인들의 하루는 다이어트로 시작해서 다이어트로 마무리된다고 해도 과한 말은 아니다. 아침이면 펼쳐보는 일간지를 시작으로 TV와 인터넷, 심지어는 빌딩 숲의 전광판과 버스, 지하철 그리고 거리의 현수막까지 온통 다이어트 정보와 광고들로 넘쳐난다. 그런 환경 속에서 우리는 자연스레 다이어트의 필요성에 세뇌당하며 그에 따른 부담감을 떠안은 채 전전긍긍하며 살아간다. 그런데도 왜, 비만 인구는 크게 줄지 않는 것일까? 여러분 스스로도 풀리지 않는 수수께끼라고 생각할 것이다. 과하다 싶을 만큼 먹기는 하면서도 안타까울 정도로 운동을 하지 않는 이유는 과연 무엇일까?

그것은 우리 삶의 기저를 이루는 '기분(mood)' 때문이다. 기분이 좋지 않을 때 사람들은 음식에 먼저 손을 댄다. 손쉽기 때문이다. 운동은 할 생각조차 들지 않을 뿐더러, 설령 운동의 긍정적 효과에 대해 잘 알고 있다 해도 다양한 핑계를 동원해 결국 먹는 쪽으로 방향을 바꾼다. 스스로를 합리화하면서. 반대로 기분이 좋을 때는 활력이 넘치고 자부심도 높아지며, 모든 것을 긍정적으로 바라보게 된다. 결국 기분에 살고 기분에 죽는 것이다. 갈수록 고속화되는 현대 사회에서 우리의 기분은 엄청난 스트레스에 노출되어 있다. 급기야 사람들은 이 혼란스런 기분을 통제하기 위해 자기치유의 수단으로 음식을 선택한다. 훌륭한 기분 조절 수단인 운동의 효과를 잘 알면서도 말이다.

인간의 기분이 모든 것의 의미를 확장하며 인생의 즐거움을 강화하거나 줄이는 것으로 볼 때, 기분이 삶에서 얼마나 중심적인 위치를 차지하는지 알 수 있다. 기분은 우리의 일상 활동이나 돈, 상황, 인간관계보다 훨씬 중요하다. 이 모든 것이 기분에 따라 다른 모습으로 걸러질 수 있기 때문이다. 여러 면에서 기분은 인간이라는 존재의 핵심을 차지한다.

이러한 기분의 막강한 영향력에도 불구하고 실제로 우리는 자신의 기분에 대해 얼마나 알고 있을까? 대부분 기쁨, 두려움, 불쾌감, 분노처럼 분명하고 큰 감정 상태와 달리, 일상 속에서 느끼는 소소한 기분의 변화에 대해서는 덤덤하기 마련이다. 그런 기분을 유발하는 분명하고 확실한 요소나 조건이 무엇인지 인식하지 못하기 때문이다. 기분은 '감정'처럼 우리를 헤집어놓지는 않지만, 시간적으로는 확실히 더 오래 지속된다. 그렇기 때문에 기분은 삶의 기술과 행복을 바라보는 우리의 태도에 결정적인 영향을 미친다.

20여 년 전 본격적으로 연구를 시작한 이래로, 나는 주로 '기분'의 본질과 기분을 바꾸는 방법에 대해 끊임없이 관심을 기울였다. 나의 첫 연구 프로젝트는 정확한 실험적 관찰을 기반으로 하는 생리학 실험실에서 시작되었다. 그러나 연구가 진행될수록 연구 장소는 실험실에서 점차 자연스러운 일상으로 바뀌었다. 연구가 진행되는 몇 해 동안 '식사와 운동'이 기분 변화에 결정적인 역할을 한다는 사실에 주목했다. 이 둘의 상호관계를 입증할 정확한 증거는 오랫동안 드러나지 않았다. 그러다가 최근의 연구에서 마침내 이 둘의 관계가 분명히 밝혀졌다. 이전에 출간한 《기분의 기원The Origin of Everyday Moods》과 《기분과 각성의 생물심리학The Biopsychology of Mood and Arousal》에서도 이 관계에 대해 다루었지만, 이번에는 좀더 밀도 있게 기분과 식사 그리고 운동의 역학관계에 초점을 맞추었다.

이 책의 목적은 우리가 느끼는 복잡한 기분들이 일상생활에서 어떤 역할을 하는지, 그리고 우리가 활력과 긴장감을 어떤 식으로 경험하는지에 대해 밝히는 것이다. 그 과정 속에서 우리의 기분을 움직이는 핵심 요소인 운동과 음식에 대해 집중적으로 설명하고, 그릇된 식습관과 운동을 기피하는 습관이 기분 때문이라는 사실을 입증할 것이다.

좋은 기분의 요건과 그 효과에 관해서도 알아볼 것이다. 그럼으로써 어떻게 하면 좋은 기분을 통해 삶에 새로운 활력을 불어넣을 수 있는지를 보여주고자 한다. 기분은 이미 성공이나 실패를 결정짓는 중요한 요소로 인정받고 있다. 따라서 이제는 자신의 기분을 스스로 관리할 줄 아는 사람만이 삶의 참된 행복을 누릴 수 있다. 그날그날의 기분 관리(mood-management)에 실패한다면, 우리는 결코 행복해질 수 없기 때문이다.

이 책은 번번이 자신의 기분 관리에 실패한 사람들, 그래서 소중한 삶의 기회를 놓친 모든 분들에게 기분을 성공적으로 관리하는 법을 제시한다. 나는 그것이 행복한 삶의 궁전으로 들어서는 첫 걸음임을 확신한다.

그동안 많은 분들이 큰 도움을 주셨다. 그 가운데는 나의 강의를 듣는 학생들이 적잖이 포함되어 있다. 학생들은 다양한 기분을 분석하고 그 세밀한 기분을 몸소 연출해주었을 뿐 아니라 기분이 식사와 운동에 미치는 영향을 직접 체험해주었다. 학생들과의 토론에서 드러난 실제 사례들은 종종 나의 예상을 뒤엎었다. 연구원에게 있어서 함께 아이디어를 고민하고 다른 의견들을 제안해줄 사려 깊고 지적인 사람들이 곁에 있다는 것은 대단한 행운이다. 이 책에 실은 개념에 대한 분명한 실례를 제공해준 학생들과 동료들 그리고 친구들에게도 감사를 전한다. 이들 중에는 실명을 밝힌 경우도 있지만, 익명성을 유지해야 할 필요가 있을 때에는 이니셜로만 표현했다. 필요에 따라서는 여러 사람들의 경험을 조합하기도 했다.

옥스퍼드 대학 출판부 편집자인 조앤 바서트가 아니었으면, 이 책이 세상 밖으로 나오기는 힘들었을 것이다. 조앤은 내가 이 연구를 추진할 수 있도록 지지와 용기를 주었으며, 각 장이 완성될 때마다 읽고 비평해주기를 아끼지 않았다. 뿐만 아니라 더 좋은 제안도 아끼지 않았다. 전문적인 심리학 개념에 대한 그녀의 이해와 통찰력에 놀란 적이 한두 번이 아니었으며, 과학자인 내 동료들의 수준 못지않은 경우도 많았다. 또한 출판 전문가로서의 노련한 능력에도 감사한다. 레타 에반스 외에도 나의 원고를 읽고 기꺼이 조언해준 훌륭한 생리심리학자 알렉산더 베크먼, 다이어트와 행동에 관해 도움을 준 래리 크리스텐슨, 운동과학자 스티븐 페트루젤로에게도 특별한 감사를 전한다.

롱비치 캘리포니아에서
로버트 E. 테이어

Contents

저자의 말 기분을 바꾸면 하루가 바뀐다 ——————— 07

Good Mood 1

오늘, 당신의 기분은 어떠한가?

1. 기분이 나쁘면 당장 무엇을 해야 할까? ——————— 21
2. 기분은 현재의 컨디션을 알려주는 정보 ——————— 25
3. 좋은 기분 vs 나쁜 기분 ——————————————— 32
4. 활력이 떨어지면 만사가 귀찮다 ———————————— 45
5. 현재의 기분을 파악하는 방법 ————————————— 51
Mood Cafe 왜 우울할 때 초콜릿이 더 생각날까? ——————— 58

Good Mood 2

당신의 기분을 나쁘게 하는 것들

1. 나쁜 기분의 주범, 스트레스 ─────────── 63
   : 기분과 스트레스

2. 왜 갈수록 우울한 사람이 많아질까? ─────── 72
   : 기분과 부정적인 감정

3. 기분이 나쁘면 감기도 잘 걸린다 ────────── 77
   : 기분과 질병

4. 더 많이 일하고 더 적게 자는 게 과연 좋을까? ── 82
   : 기분과 수면시간

5. 피로는 모든 의욕을 꺾어버린다 ─────────── 87
   : 기분과 만성피로

Mood Cafe 스트레스 일지 쓰기 ──────────── 92

Good Mood 3

운동은 처진 기분도 일으켜 세운다

1. 운동을 방해하는 것은 무엇일까? ——— 97
2. 매일 10분 걷기가 하루를 바꾼다 ——— 101
3. 즐겁게 하는 운동이 보약이다 ——— 105
4. 운동이 당신의 몸속을 청소한다 ——— 109
5. 운동은 자신을 높이는 힘 ——— 116

Mood Cafe 5분 산책의 놀라운 효과 ——— 120

Good Mood 4

기분이 당신의 식욕을 좌우한다

1. 왜 다이어트 열풍에도 비만은 줄지 않을까? ——— 125
2. 잘못된 식습관이 몸의 균형을 깨뜨린다 ——— 131
3. 왜 배고프지 않는데도 먹는 걸까? ——— 136
4. 감정적인 식사가 과식을 부른다 ——— 142
5. 과식을 끊어야 기분도 살아난다 ——— 153

Mood Cafe 왜 나이가 들수록 활력이 줄어들까? ——— 166

Good Mood 5

뇌가 당신의 기분을 책임진다

1. 생각은 기분에 따라 달라진다 —————————— 171
2. 기분 상태는 몸으로도 나타난다 ————————— 177
3. 결국 기분은 몸과 뇌에 따라 움직인다 ——————— 185
4. 기분을 책임지는 뇌의 구조 ——————————— 200
Mood Cafe 생각을 바꾸면 기분도 바뀔까? ——————— 206

Good Mood 6

좋은 기분을 위한 실천 5계명

1. 나만의 활력 일주기를 관찰하라 ————————— 211
2. 감정적인 식사를 자제하라 ——————————— 216
3. 활력이 느껴질 때 운동하라 ——————————— 222
4. 부정적인 감정에서 벗어나라 —————————— 228
5. 적극적으로 휴식하라 ————————————— 231
Mood Cafe 최적의 기분을 위한 다양한 방법들 —————— 236

오늘의 기분지수

오늘, 당신의 기분은 몇 점인가?

다음 목록을 보고 나의 기분지수가 몇 점인지를 체크해보자. 각 항목에 제시된 내용에 따라 해당 칸에 1점을 준다. 칸마다 합계를 구하고 표 아래쪽에 표시된 수를 곱한다. 최종 결과에서 각 칸마다 나온 결과를 모두 더한 수가 당신의 기분지수 점수다.

기분체크 항목	항상	자주	가끔	아니다
아침에 일어나면 기분이 좋지 않다				
친구들이 기분이 나쁘냐고 자주 묻는다				
종종 사람들이 나를 피하는 것 같다				
나를 보고 불평불만이 많다고 한다				
남에게 지적을 당하면 모든 게 하기 싫어진다				
우울하거나 화가 나면 아무것도 먹지 않거나 아무거나 먹는다				
나는 기분이 안 좋은 사람들과 자주 만난다				
기분이 안 좋으면 자주 술이나 초콜릿 등을 먹는다				
햇빛을 별로 좋아하지 않는다				
계획한 대로 실행하지 못하면 화가 난다				
각 항목 합계				
곱하기	x4	x3	x2	x1
최종 점수				

이제 결과를 살펴보자. 점수가 높을수록 스스로의 기분을 조절하는 기술이 부족함을 나타낸다. 당신은 아래 항목 중에서 어디에 해당하는가?

10점 이하 : 항상 좋은 기분을 유지하고 있다.
10-18점 : 자신의 기분을 아주 효과적으로 관리하고 있다.
19-26점 : 대체로 잘 관리하고 있으나, 부정적인 생각에 빠지지 않도록 조심하기 바란다.
27-34점 : 좋은 기분을 유지하기에는 약간의 어려움이 있다. 좋아하는 취미활동이나 운동 등으로 자신의 기분을 적극적으로 관리하기를 권한다.
35-40점 : 기분 상태가 별로 좋지 않다. 전문가에게 도움을 요청해보는 것이 좋을 듯하다.

Good Mood 1

오늘, 당신의 기분은 어떠한가?

기분은 삶의 기쁨과 슬픔을 결정한다. 기분이 좋을 때는 같은 행동도 더 재미있고 더 짜릿하게 느껴진다. 심지어 하기 싫어 미뤄두었던 일도 능숙하게 잘 해낸다. 반대로 기분이 나쁠 때는 짜증도 나고 심지어 우울증으로 발전하기도 한다. 주변 사람들이 아무리 잘될 거라고 말해도, 기뻐할 일이 생겨도 삶 전체에 드리워진 부정적인 느낌은 그 기쁨을 즐길 수 없게 만든다. 이처럼 실제 벌어진 일보다 우리가 느끼는 기분이 중요한 이유는, 이미 벌어진 일들에서 즐거움을 얻느냐 마느냐를 바로 '기분(mood)'이 결정하기 때문이다.

Good Mood

01

기분이 나쁘면 당장 무엇을 해야 할까?

나는 20년이 넘도록 과학자로서 '기분'에 관해 연구해왔다. 이 연구를 진행하면서 끊임없이 고민한 문제는 '우리는 어떻게 스스로 기분을 조절하는가'였다. 나는 기분을 스스로 조절한다는 것이 자기치유의 과정과 비슷하다는 사실을 발견했다. 우리는 음식, 술, 모임, 음악, 커피, 담배, 의도적인 생각의 전환 등 수많은 방법을 이용하여 자신의 기분과 감정을 조절한다. 그런데 기분 조절을 위해 우리가 의지하는 행동이나 물질들은 일종의 마약과도 같아서 그것들에 의지하면 할수록 때로는 더욱 나쁜 기분에 빠지기도 한다.

연구가 거듭될수록 나는 한 가지 사실을 발견할 수 있었다. 바로 사람들은 끊임없이 자신의 기분을 조절한다는 사실이다. 때로는 의식적으로 조절하기도 하지만, 대부분은 자신에게 기분을 조절하기 위한 습관들이 있는지조차 깨닫지 못한 채, 조금만 기분이 언짢아져도 그 습관들에 기대고 있다. 기분을 조절하는 방법은 저마다 다르지만 모두가 보다 좋은 기분을 느끼기 위해서 무언가를 한다는 건 분명하다. 그리고 기분이 나빠질 때마다 예전에 효과를 얻었던 그 어떤 행동을 계속 반복한다. 그럴 때마다 취하는 사람들의 습관적인 행동들이 대부분 효과적이기는 하지만, 그 중 어떤 것들은 일시적일 뿐 장기적인 효과는 가져오지 못한다.

우리는 끊임없이 기분을 살핀다

자신의 기분을 잘 조절한 C의 경험담을 들어보자. C는 40대 초반의 나이에도 불구하고 대학에 복학해 학교생활을 원만하게 하고 있었다. 적어도 한동안은 자신의 기분을 잘 조절하는 것처럼 보였다. 그녀는 기분이 나쁠 때면 곧바로 친한 친구에게 전화를 건다. 정도의 차이는 있지만, 그녀의 친구들은 영화 〈조강지처 클럽〉에 나오는 여자들처럼 자신들의 기분을 조절한다. 함께 점심을 먹으며 수다를 떨거나 쇼핑을 하기도 하는데, C는 이 방법이 꽤 효과적이라고 말한다. 점심을 먹고 난 다음이나 쇼핑몰에서 한나절을 보낸 후에는 기분이 좋아지는 것 같고, 약간 짜증이 날 정도의 가벼운 우울증도 사라지는 것 같다고 한다.

보편적으로 기분이 나쁠 때 사람들은 가장 먼저 사회적 상호작용을 원한다. 그래서 전화기를 들거나 누군가와 약속을 정하는데, 특히 자신의 이야기를 잘 들어줄 사람이나 기분을 좋게 해줄 사람과 어울리고 싶어한다. 이런 성향은 특히 여성에게서 많이 나타나는데, 그렇다고 남성도 예외는 아니다.

한편 생각의 방향을 바꿔서 기분을 조절하는 사람들도 있다. 이들은 긍정적으로 생각하려고 노력하거나 골치 아픈 문제에서 벗어나 다른 무언가에 집중하려고 한다. 그리고 상황에 쉽게 휘둘리지 않는다. 기분을 바꾸기 위한 방법을 밖에서 찾기보다는 주로 안에서 찾는다. 그래서 기분이 가라앉으면 스스로를 격려하며 용기를 주는 편이다. 이런 인식적인 행동은 여성보다 남성이 많이 이용하지만, 성별과 상관없이 매우 전략적이며 효과적인 방법이다.

나쁜 기분을 개선하기 위해 음악을 듣는 사람도 있다. 주로 젊은 이들이 음악으로 기분을 조절한다. 나의 딸 레아가 이런 경우다. 레아는 거의 모든 장르의 CD를 소장하고 있으며 기분에 따라 음악을 골라 듣는다. 딸에게 사람들이 기분 조절을 위해 음악을 자주 이용한다는 연구 결과를 보여주자, 당연한 걸 가지고 연구까지 하느냐는 반응이었다.

반면에 장년층이 기분을 조절하는 방식은 조금 다르다. 대청소를 하거나 텃밭을 가꾸거나 밀린 답장을 쓰는 등 자잘한 일들을 하는 경향이 있다. 이런 행동들은 매우 훌륭한 기분 조절 방법이다. 돌아가신 나의 어머니는 늘 좋은 기분을 유지하려고 노력하신 분이었다. 어머니만의 바람직하고 특별한 방식이 있었는데, 아마도 그 방식들이 긍정적인 기분을 유지하는 비결이었던 것 같다. 이를테면 특별한 일이 없는 한 어머니는 매일 아침 정원을 돌보셨다. 그런 다음에는 집 안을 정돈하고 시장에 가시곤 했다. 오후에는 편지를 쓰거나 당신이 좋아하는 종교 서적들을 읽으셨다.

특히 편지나 독서 같은 활동으로 기분을 조절하는 것은 우리의 연구 결과와도 일치한다. 장년층의 많은 사람들이 기분이 가라앉을 때면 종교나 영적인 활동을 통해 기분을 조절한다고 말했다. 사회과학자들은 대수롭지 않아 보이는 집안일이나 정원 손질 그리고 규칙적인 종교 의식이나 기도 같은 영적 활동들이 기분에 강력한 영향을 미친다는 사실을 종종 간과한다.

보통 사람들의 3분의 1 정도는 기분이 가라앉을 때 운동을 한다. 이제부터 살펴보겠지만, 적당한 운동이 즉각적으로 기분을 좋게 만드는 데 최고의 방식이라는 점에서 보면 3분의 1은 안타까울 정도로 적은 편이다. 운동은 매우 효과적이면서도 빠르고 믿을 만한 기분 조절 방법이다. 앞서 언급한 여러 방법들도 가라앉은 기분을 끌어올려 주는 건 맞지만 운동만큼은 강력하지 않다.

Good Mood

기분은 삶의 행복을 결정한다

우리는 습관적으로 기분들을 조절한다. 의식적으로 조절할 때도 있지만, 대부분은 무의식적으로 조절한다. 피로와 긴장, 불안과 우울을 피하고 좋은 기분을 더 자주 느끼기 위해 조절하는 것이다. 기분을 조절하는 과정은 자기치유의 과정과도 비슷하다. 이러한 기분 조절은 보다 건강하고 행복한 삶을 위한 과정이기도 하다.

02
기분은 현재의 컨디션을 알려주는 정보

　기분은 마음으로만 존재하는 것이 아니다. 그보다는 오히려 확고한 생물학적 기반을 갖고 있다. 기분은 우리 몸에서 아주 중요한 기능을 수행한다. 왜냐하면 우리 몸의 모든 기관들은 사실상 인간이라는 종의 생존과 번식을 위해 오랜 세월 적응력을 키워왔기 때문이다. 그렇지 않았다면 진화 과정에서 일어나는 지속적인 도태로 인해 이미 사라졌거나 흔적기관으로만 남았을 것이다.

　그렇다면 기분의 기능은 무엇일까? 나는 기분을 일종의 신호체계라고 생각한다. 기분은 그때그때 우리의 컨디션을 알려주는 중요한 정보다. 그 정보를 적절히 이용하면 우리 몸의 컨디션을 최적의 상태로 유지할 수 있고, 또 우리를 괴롭히는 불가항력의 스트레스에도 효율적으로 대응할 수 있다. 수백만 년에 걸친 자연선택은 기분을 하나의 적응력으로 만들어놓았다. 우리가 해야 할 일은 그 적응력의 가치를 발견하고 잘 활용하는 것이다. 나는 자신의 기분을 제대로 인식하고 잘 활용하면 얼마든지 부적절한 행동을 피할 수 있을 뿐만 아니라, 보다 건강하고 행복한 삶을 살 수 있다고 믿는다.

그렇다면 현재의 기분을 판단하는 기준은 무엇인가? 여러 가지가 있겠지만 우선 활력과 긴장감, 이 두 가지를 중심으로 살펴보자.

활력은 살아 있는 에너지

활력은 곧 에너지다. 활력이라는 기분이 인식되면 우리는 어떤 행동도 과감히 취할 수 있다. 미세하게라도 활력이 감지되면 우리는 행동하고자 하는 의욕을 갖는다. 그래서 이러한 활력적인 기분을 인식하고 활용할 줄 알면 우리의 삶에 커다란 변화를 가져올 수 있다. 즉, 활력이 높았을 때와 낮았을 때의 일과 행동을 선별해서 취할 수 있기 때문이다. 예를 들어 자연스러운 자신의 활력 일주기를 알면 하루 일과를 보다 효율적으로 계획할 수 있다.

활력은 특히 육체 활동을 자극한다. 그래서 활력이 넘칠 때는 오히려 가만히 앉아 있기가 힘들고 무료함도 견디지 못한다. 물론 활력이 넘칠 때 맹렬한 정신 활동이 불가능한 것은 아니다. 하지만 그보다는 육체 활동을 하는 것이 좋다. 이를 확인하고 싶다면 자신의 활력 수준에 집중해보라. 며칠 동안 자신의 활력 변화를 관찰한 다음 활력이 높을 때 가장 하고 싶은 일을 생각해보는 것이다. 분명히 의자에 가만히 앉아 있거나 쉬고 싶다는 생각은 들지 않을 것이다.

활력은 우리로 하여금 무언가를 하도록 강력하게 자극하기 때문이다. 운동을 하기로 결심했다면 활력이 높은 바로 그 시간에 시작하는 것이 좋다. 적어도 활력이 높았을 때 한 결심은 작심삼일로 끝나지 않는다.

활력이 최고조에 달했을 때는 몸을 움직이고 싶은 마음이 크기 때문에 가만히 앉아서 하는 일에는 별로 매력을 느끼지 못할 수도 있다. 그러나 적당한 수준의 활력은 정신 활동의 효과도 높여준다. 따라서 적당한 수준의 활력이 느껴지면 집중을 필요로 하는 일을 하는 것도 좋다. 하지만 활력이 최고에 달했을 때는 오히려 집중이 잘 안 될 수도 있다. 그렇더라도 분명 개인차가 있는 만큼 자신의 반응을 잘 관찰해서 하루 일과에 활용하는 것이 현명하다. 일단 활력과 정신 활동의 관계가 확립되면 공부나 업무에도 매우 유용하게 활용할 수 있다.

또한 활력은 역경에 대처하는 능력도 강화시켜준다. 활력이 높을 때는 곤란한 상황도 비교적 수월하게 헤쳐나갈 수 있다. 활력은 기운, 힘, 의지력, 정력, 지구력, 인내심, 활기, 용기와 같은 감정으로 나타난다. 자신의 상태를 알려주는 이런 신호들을 민감하게 감지하면 가장 효과적으로 일을 추진할 수 있는 시간을 알아낼 수 있다.

또한 활력이 높았을 때뿐만 아니라 활력이 떨어지고 피로가 느껴지는 것 또한 중요한 정보다. 이는 우리 몸의 에너지원이 고갈되었다는 신호로써 휴식과 충전이 필요하다는 것을 의미한다. 이럴 때는 무리한 운동이나 일을 하지 않는 것이 좋다. 또 다른 신호는 식사와 관련이 있다. 활력이 떨어질 때 즉각적으로 휴식을 취하지 못하면 우리 몸은 대체할 수 있는 에너지원을 찾는데, 주로 음식이 그 역할을 담당한다.

이처럼 활력이 보내는 신호들을 잘 이해하면 바람직하지 못한 행동도 피할 수 있다. 예를 들어 활력이 떨어졌을 때는 육체 활동이나 일을 가급적 자제하는 것이 좋다. 이것은 우리 몸의 활력이 주는 신호에 따른 것이다. 이를테면 활력이 떨어진 상태일 때 괜히 운동을 하겠다고 결심했다가 피곤하고 귀찮아서 포기했다면 다시는 운동을 시도하지 않을 확률이 높다. 그러나 활력이 높은 상태가 언제인지를 잘 안다면 그 시간대에 운동을 시도해서 포기하지 않고 꾸준히 실천할 수 있다.

또한 활력이 떨어지면 같은 문제도 더 어렵게 느껴지기 마련이다. 덩달아 불안감도 커진다. 활력이 높았을 때 즐겁게 해내던 일들도 활력이 떨어지면 스트레스를 유발하기 쉽다. 이런 현상은 자신에 대한 생각이나 문제를 생각하는 방식에도 영향을 미친다. 쉽게 말해 스스로를 더 비관적으로 여기거나 문제를 필요 이상으로 심각하게 여기기도 한다. 만약 어떤 문제에 대해 과도하게 비관적이거나 심각하게 여긴다면, 자신의 활력상태를 관찰해볼 필요가 있다.

긴장은 몸과 마음을 경직시킨다

긴장은 잠재적인 위험 신호다. 그 위험은 단지 마음속에서 느껴지는 것일 수 있는데, 대체로 긴장과 불안이 왜 일어나는지 잘 모를 때가 많다(공포와 불안은 차이가 있으며, 두려운 대상이 정확히 무엇인지 모르는 상태에서 느끼는 공포의 일종이 불안이다). 어쨌든 긴장하거나 불안하고 초조할 때 우리는 정확하게 무엇인지는 모르지만 무언가가 잘못되었다고 느끼게 된다. 그럴 때면 경계심마저 생긴다. 벌어질 일 혹은 다가오는 위험이 무엇이든 그것에 대비하기 위해 근육이 먼저 팽팽하게 긴장한다. 일종의 통제 패턴이라고 할 수 있다. 긴장했을 때는 보통 등과 목, 얼굴의 근육이 뻣뻣해지는데, 이것은 '응급 행동'의 일종이다. 말하자면 대기 상태에 돌입하는 것이다(살아남는 것이 최대의 목표였던 원시시대 조상들의 신체 패턴 중 하나다). 생물심리학에서는 이 긴장감을 '정지 시스템(stop system)'이라고 하며, 긴장감의 반대 상태인 활력을 '진행 시스템(go system)'이라고 한다.

선사시대 조상들의 삶을 떠올려보자. 너른 평야에 살면서 포식자를 경계하고 최대한 신속히 활동하며 위험 가능성에 촉각을 곤두세웠던 그들처럼, 우리는 긴장을 하면 대부분 경계하는 태도를 보이며, 하고 있는 일에 완전히 몰두하지 못한다. 긴장했을 때 집중하기 어려운 것도 바로 이런 이유에서다. 어느 순간 날카로운 어금니를 번뜩이며 맹수들이 덮쳐들지 모르는 예측 불허의 상황에서 당신이라면 집중해서 보고서를 쓸 수 있겠는가! 긴장을 하면 발등에 불이 떨어지기 전까지는 오히려 집중하기가 어렵다. 언제라도 발생할 수 있는 문제에 대비해 끊임없이 주변 환경을 주시하기 때문이다. 이런 이유로 긴장은 일의 능률을 떨어뜨리는 결과를 초래한다.

뿐만 아니라 긴장했을 때 주의력이 부족해지면 몸의 인식도 떨어진다. 따라서 긴장한 상태에서는 몸이 규칙적으로 보내는 신호들,

어쩌면 당장의 대사활동에 필요한 식사량과 같은 신호들이 과장되어 나타나거나 아예 감지되지 않기도 한다. 모든 다이어트 프로그램들이 정말 필요한 식품이 무엇인지 몸이 보내는 신호에 집중하라고 충고하지만, 이런 종류의 집중도 긴장 상태에서는 지속하기 어렵다. 에너지원의 결핍에서 비롯된 배고픔과 감정에서 비롯된 식욕의 차이를 구별하기 힘든 것도 긴장감으로 인한 집중력 부족 때문이다.

긴장감은 불쾌한 기분이기 때문에 우리는 자연스럽게 이 불쾌감에서 벗어날 방법을 찾는다. 어떤 식으로든 기분이 좋아지도록 자기 조절을 하는 것이다. 이때 사람들이 가장 쉽게 찾는 방법이 바로 음식 섭취다. 하지만 쉽고 간편한 만큼 대가가 따르기 마련이다. 그보다는 운동, 명상, 스트레칭과 같은 방법으로 긴장을 줄여주는 것이 여러 면에서 더 건강한 방법이다.

반면에 평온함이나 낮은 긴장감은 우리에게 '안정'이라는 신호를 보낸다. 이런 상태에서는 위험을 감지하더라도 의식의 각성 수준이 높아서 경계하지 않고도 자연스럽게 행동할 수 있다. 평온함은 스트레스가 거의 없거나, 스트레스를 받아도 효과적으로 대처할 수 있는 상태다. 당연히 몸이 보내는 신호와 상황에 온전히 집중할 수 있다. 또한 평온함은 무의식적으로 자신감을 높여주기도 한다. 스트레스를 많이 받는 일을 하면서도 평온하다면 자신감이 높은 것이다. 예를 들어 대중 앞에서 연설을 하거나 상사에게 보고를 할 때 불안감으로 목소리가 떨린다면, 자신감이 낮은 것이고 성공할 확률도 낮다. 하지만 연설이나 보고를 하는 동안 평온하다면 비교적 자신감이 높다고 할 수 있다.

Good Mood

활력이 넘쳐야 기분이 산다

활력은 하루에도 수시로 높았다 낮았다를 반복한다. 활력이 높을 때는 기분도 좋아진다. 자신감이 넘치고 세상이 낙천적으로 보인다. 반대로 활력이 떨어지면 어떤가. 세상만사가 귀찮게 느껴진다. 작은 일도 태산처럼 보이고 매일 하던 소소한 일과들도 견디기 힘들다. 이처럼 활력은 우리 삶에서 생각 이상으로 강력한 영향을 미친다.

03

좋은 기분 vs 나쁜 기분

"쟈넷, 안녕?"

나는 대학 구내식당에서 샌드위치가 나오길 기다리며 쟈넷에게 인사를 건넸다.

"기분이 엉망이에요."

무뚝뚝한 목소리로 쟈넷이 대답했다. 목소리가 너무 작아서 겨우 알아들을 수 있었다.

"왜 그래요?"

"글쎄요, 당신이 기분 전문가니까 진단을 좀 내려줘봐요."

쟈넷은 억지로 미소를 지으며 말했다.

이제 막 마흔을 넘긴 쟈넷은 유능하고 성실한 관리자였다. 그녀는 기분에 관한 나의 책에 대해 잘 알고 있었다. 나는 그녀에게 최근에 무슨 일이 있었는지를 물었다. 그랬더니 그녀의 표정에는 잠시 긴장감이 맴돌았고 목소리도 평소보다 더 날카로웠다.

"아, 지금은 예산안을 준비하고 있어요. 새로 만든 예산안 프로그램으로 작업을 하는데, 복잡하기만 하고 잘될 것 같지도 않아요. 어제까지 마무리했어야 했는데, 그러지 못했네요."

이어서 그녀는 꼭두새벽부터 밤늦게까지 일하고 있어서 잠도 부족하고, 샌드위치나 패스트푸드로 겨우 끼니를 때운다고 말했다.

"음, 수면 부족은 기분을 가라앉게 해요. 우리의 기분은 활력과 피로와 밀접한 관련이 있는데, 수면 부족은 바로 활력을 떨어뜨리는 주범이에요. 그러니 바쁘더라도 잠은 잘 자야 해요."

쟈넷이 관심을 기울이는 것 같아서 나는 좀더 자세하게 설명해주었다. 그때가 오후 3시였는데, 기분이 가라앉은 데는 시간대도 영향을 미친다고 말해주었다. 대부분의 사람들은 일주기(日週期)에 따라 정오가 지나면서 활력이 점차 떨어지고 긴장감이 높아지며, 오후가 되면 활력이 저점으로 떨어진다고 말이다. 나는 더불어 음식 섭취가 기분 전환에 별로 좋은 영향을 미치지 않는다는 말도 덧붙였다. 그 말을 듣더니 쟈넷은 현재 다이어트 중이라는 사실에 약간의 죄책감을 느끼는 듯 고개를 떨구었다. 그녀가 들고 있는 접시를 보니 샌드위치와 빅 사이즈 커피 말고도 감자칩 한 봉지가 더 있었다. 결국 나는 그녀에게 위안을 주는 말로 대화를 끝맺었다. 평균적으로 하루 중에서 나쁜 기분을 느끼는 건 한나절 정도일 뿐이며, 좋은 기분을 느끼는 시간이 더 길다고. 그러니 좋은 기분에 집중하고 더 많이 느끼라고 말이다.

그렇다면 우리는 좋은 기분과 나쁜 기분은 어떻게 구분할 수 있을까? 또한 그 기분들은 우리 삶에 어떤 영향을 미치는 걸까? 이제부터 구체적으로 알아보자.

평온활력(Calm Energy) :
활력이 넘치면서 동시에 평온한 느낌

기분이 좋을 때는 활력이 솟고 긴장은 잘 느껴지지 않는다. 이때가 평온활력 상태다. 최고의 컨디션을 자랑하는 선수는 활력이 넘쳐흐르지만 동시에 평온함을 느낀다. 덧붙여 말하자면, 운동과학자들은 세계적인 수준의 운동선수들을 대상으로 한 연구에서 활기차고 부정적인 기분이 없는 상태를 일컬어 '빙산형 프로파일(iceberg profile)'이라고 명명했다. 이는 평온활력과 비슷한 상태이다. 정확하게 평온활력을 가리킨다고 볼 수는 없지만, 일부에서는 평온활력의 근간을 이루는 기분 상태를 무아지경(Flow and the Zone)이라는 말로 나타내기도 한다. 짐작컨대 동양 문화권의 선(禪) 지도자들은 일생 동안 평온활력 상태를 경험한다. 이들은 평범한 일상을 살면서도 기분은 완벽한 평온 상태인 것이다.

그렇다면 긴장이 전혀 없는 활력이란 무엇일까? 활력이 넘치고 동시에 마음이 평온한 상태를 생각해보자. 매우 특별한 상태다. 이른 아침 숲속을 혼자 걷고 있다고 상상해보자. 공기는 신선하고 풀냄새도 상큼하다. 아침에 새소리는 더욱 또렷이 들린다. 아무리 근심, 걱정이 많은 사람도 이때만큼은 평온한 기분을 느낄 것이다. 이런 기분 상태에서는 그 어떤 일도 괴롭지 않으며 조급하지도 않다. 일이든 놀이이든 심지어 하기 싫은 일을 하거나 가만히 앉아서 누군가와 대화를 나누더라도 관심과 열정이 흐트러지지 않은 상태로 임할 수 있다. 평온한 상태에서는 시간의 구애를 받지도 않으며, 그 일이 얼마나 걸릴지도 신경 쓰지 않는다. 스트레스나 공포 혹은 불안감을 느낄 때처럼 몸과 얼굴의 근육이 뻣뻣해지는 현상도 일어나지 않고, 신경이 과민해지지도 않는다. 즉, 긴장이 없는 활력을 느끼면 우리는 쉽게 어떤 상황에 몰입할 수 있다. 집중력이 최고조에 달한다. 해야 할 일이 산더미처럼 쌓여 있어도, 순서에 맞게 일사천리로 척척 해낼 수 있다. 느긋한 태도로 스스로의 활동을 결정할 수 있는 능력이 생긴다.

가능하다면 우리는 평온활력을 원하고 또 추구할 것이다. 우리가 기분을 조절하는 이유도 바로 평온활력을 경험하기 위해서다. 평온활력은 세심하고 주의 깊으며 생산적이고 무엇보다 즐거운 상태다. 우리의 연구에서도 참가자들은 가장 좋은 기분의 조합으로 평온활력을 꼽았다. 그런데 사람들에게 평온활력에 대해 말하면, 종종 긴장이 없는 활력 상태를 정확히 이해하지 못하겠다는 반응을 보이곤 한다. 그러면서 "활력을 느낄 때마다 흥분과 긴장을 함께 느끼기도 해요. 모두가 그렇지 않나요?"라고 질문한다.

스트레스의 종류와 강도가 점점 더 커지고 있는 오늘날, 대부분의 사람들은 늘 긴장감 속에 살아간다. 그런 환경 속에서 평온활력은 마치 달나라 얘기처럼 낯설게 들릴지도 모른다. 하지만 분명 평온활력에 익숙한 사람들도 있다. 명상을 많이 하거나 요가를 하는 사람들 혹은 스트레스 해소법을 잘 아는 사람들은 평온활력을 말하면 곧바로 공감한다. 명상 훈련이나 기도 삼매경에 빠졌을 때도 종종 평온활력을 경험할 수 있다. 운동선수들도 평온활력을 자주 경험하는데, 그 이유는 아마도 강렬한 운동을 통해 활력이 높아짐과 동시에 이완과 평온을 함께 느끼기 때문이다.

평온활력 상태에서는 운동을 계속할 의욕도 생기고 합리적인 식사조절도 가능하다. 활력이 있는 상태에서 운동을 하면 기분도 좋아진다. 제법 강도 높은 운동을 할 수도 있고, 가벼운 산책을 할 수도 있다. 평온할 때는 스트레스도 받지 않으며 시간에 대한 압박도 느끼지 않는다. 근육을 움직여 운동을 해도 좋고 걷는 행위만으로도 즐겁다. 따라서 평온활력 상태에서는 적극적으로 육체 활동을 하게 되며, 우리 몸에 정말 필요한 식품이 무엇인지도 분별 있게 판단할 수 있다. 물론 활력이 떨어지면 이를 보충하기 위해 몸이 필요로 하는 음식을 먹으면 된다. 이때 하는 식사는 충동과 식욕으로 인한 과식이 아니다. 우리 몸의 즉각적인 요구에 맞게 필요한 양만큼의 음식을 섭취하고 필요가 채워지면 먹는 행위를 멈출 수 있다. 따라서 평온활력 상태에서는 과식을 하는 경우가 거의 없다.

실 비치에서 음식점을 운영하는 닉은 평온활력의 대표 주자라고 해도 손색이 없다. 사람들이 그를 좋아하는 이유 중 하나는 늘 생기 넘치는 모습으로 다른 사람들에게도 활력을 전해주기 때문이다. 늘 바쁘게 생활하지만 그에게서 초조함이나 긴장감 따위는 전혀 찾아볼 수 없다. 닉은 모든 일을 필요한 만큼 완벽하게 해낸다. 특히 번창 일로에 있는 사업을 관리하면서도 늘 순간순간에 완전히 몰입하고, 누구와 이야기를 나누든지 상대에게 모든 관심을 기울인다.

대부분의 사람들이 닉을 행복한 사람이라고 생각한다. 그뿐만 아니라 자신과 교류하는 사람들까지도 행복하게 만드는 재주가 있다. 그는 올해 마흔여덟 살이며, 175센티미터의 키에 78킬로그램의 건장한 체격을 갖고 있다. 음식에 대한 지식이 풍부하고 또 누구보다 음식을 사랑하지만 그럼에도 전혀 과체중이 아니라는 사실은 여간 놀라운 일이 아니다. 닉은 음식을 아주 좋아하지만 과식은 하지 않기 때문이다. 또 규칙적으로 사람들과 어울려 라켓볼을 친다. 어쩌면 탁월한 유전자를 가지고 태어난 행운아일지도 모른다. 결과적으로 닉의 평온활력 상태는 식사와 운동의 적절한 조합이 낳은 원동력인 것만은 분명하다.

긴장활력(Tense Energy):
바쁘면서도 생산적인 느낌

평온활력이 최적의 기분을 이루는 바탕이듯 약간의 긴장도 좋은 기분의 요소가 될 수 있다. 긴장과 활력이 조합된 상태를 나는 '긴장활력'이라고 부른다. 긴장활력은 아주 바쁜 가운데도 생산적인 느낌이 들 때의 기분이다. 주로 늦은 아침에 느끼는 기분으로 단시간에 처리해야 할 일은 많지만 간밤에 숙면을 취하고 영양가 높은 아침식사를 한 덕분에 컨디션이 비교적 좋은 상태를 말한다. 기계로 치자면 스위치를 올리는 소리와 함께 모든 기관이 전면 가동되는 상태라고 할 수 있다. 사람들은 흔히 이 긴장활력을 긍정적인 감정으로 인식한다. 물론 이 상태일 때 많은 일을 성취할 수 있다. 그러나 나중에 알게 되겠지만, 실제로 작업 완성도는 평온활력일 때가 비교적 더 높다.

긴장활력은 때때로 의욕을 자극한다. 나는 이따금씩 시험이 임박해서야 공부를 하고, 제출일이 임박해서야 과제를 하는 학생들에게 농담을 하곤 한다. 그런 학생들은 발등에 불이 떨어졌을 때 긴장을 느끼는데, 사실 그때의 긴장은 실패에 대한 두려움에서 비롯된다. 긴장이 지나치지만 않다면 적당히 활력을 주기도 해서 그런 학생들은 긴장감 덕분에 뭔가를 시작하고 동기부여를 받는다. 긴장활력은 어쩌면 A형 성격(성급하고 경쟁적이며 시간의 압박을 자주 느끼는 유형)이나 T형 성격(스릴을 즐기는 유형)의 사람들이 주로 느끼는 기분이다. 이런 유형의 사람들은 아슬아슬한 상황을 즐기는 편이다.

긴장피로(Tense Tiredness) : 몸과 마음의 에너지가 바닥난 느낌

간혹 최악의 기분이 들 때가 있는가? 그 바탕에는 긴장피로가 있다. 이때는 몸의 에너지원이 고갈되고 긴장감, 불안감, 과민함을 동시에 느끼는 상태다. 예를 들어 우울증은 활력이 떨어지는 것은 물론이고 정도가 약하든 심하든 모두 긴장감을 느끼는 상태다. 앞서 설명한 긴장활력은 많은 일을 처리할 수 있는 유쾌한 상태지만, 적당한 활력이 받쳐주어야만 가능하다. 이 상태에서 몸의 에너지원은 고갈되어 활력이 떨어지고, 스트레스까지 겹쳐서 긴장감이 높아지면, 이때는 나쁘거나 부정적이라고 묘사한 모든 종류의 기분을 한꺼번에 느끼게 된다. 스트레스를 달고 사는 직장인들이 쉽게 느낄 수 있는 기분 상태다.

만성적인 긴장을 경험했다면(물론 요즘 시대를 살고 있는 대부분의 사람들이 만성적으로 긴장하고 살지만), 긴장과 동시에 수면이나 식사 혹은 운동량의 차이에 따라 활력이 오르락내리락하는 것도 경험했을 것이다. 다시 말해 긴장을 하는 동안에는 활력의 수준도 변하기 마련이다. 이를 바탕으로 나쁜 기분의 상태를 보다 쉽게 이해할 수 있다. 즉, 긴장과 동시에 활력이 떨어졌을 때가 바로 나쁜 기분이다. 예를 들어 우울한 감정에 잘 빠지기 쉬운 사람이라면 긴장피로 상태에도 빠지기도 쉽다. 더불어 긴장피로 상태에서는 과식을 할 가능성도 높다. 그렇다면 긴장피로 상태를 잘 알고 있으면 언제 자신이 과식을 하는지도 예측할 수 있다.

오래전, 나는 기분에 관한 라디오 프로그램에 초대손님으로 출연한 적이 있다. 그때 한 여성과 전화 상담을 하게 되었는데, 그녀는 다짜고짜 직장에서 일하느라 정신없이 바빴던 하루 일과를 쏟아냈다. 그녀는 잡지사에서 일하고 있으며, 한 달을 기준으로 보름 동안은 가능한 한 일을 능률적으로 꽤 활기차게 일한다고 했다. 이 보름 동안 그녀는 지칠 때까지 일을 하고 눈이 저절로 떠질 때까지 잠을 잔다. 그리고 또다시 지칠 때까지 일한다. 하루에 서너 시간 잠을 자고 낮에도 조금씩 낮잠을 잔다. 그녀는 식사와 관련한 문제에 대해서도 이야기를 했다. 담배도 별 어려움이 없이 끊었는데 음식에는 문제가 좀 있다고 했다. 마치 중독된 것처럼 나쁜 식습관을 버리기가 어렵다는 것이다.

   이 여성은 분명히 긴장활력과 긴장피로를 번갈아 경험했을 것이다. 살인적인 스케줄에 따라 일하는 동안에는 대부분 기진맥진할 정도로 일을 했다. 활력이 높은 시간 동안 그녀는 특별한 문제도 없고 기분이 상당히 즐겁다고 표현했다. 하지만 긴장피로를 느끼는 동안에는 부정적인 기분에서 벗어나려고 몸에 좋지 않은 음식을 선택하고, 그 결과 자연스럽게 과체중을 유도했다. 지속적으로 거듭되는 일로 인한 스트레스와 부족한 잠, 활력을 높이고자 하는 요구는 음식에 의지하도록 그녀 자신을 몰아갔던 것이다. 아마도 바람직한 기분 해독제인 운동을 선택하기에는 시간의 압박이 너무 컸을 것이다.

평온피로(Calm Tiredness) : 기분 좋게 나른한 느낌

   평온피로는 주로 하루 중 늦은 저녁시간, 특히 스트레스를 많이 받지 않은 날 저녁시간에 경험하는 상태다. 예를 들어 휴가 중이거나 느긋한 주말, 저녁이 가까워올수록 활력이 떨어질 때 평온피로를 경험할 수 있다. 평온활력과 마찬가지로 평온피로도 비교적 기분이 좋은 상태라고 할 수 있다. 사람들은 평온활력만큼은 아니더라도 평온피로도 긍정적으로 생각한다. 저녁이 되면 자연스러운 순환에 따

1. 평온활력 Calm Energy

좋은 느낌이 들며 자신감과 에너지가 넘치고 긍정적이다. 일하기에 가장 좋은 상태이다. 주로 아침에 드는 기분이다. 활력 수준이 높고 긴장 수준은 낮다.

2. 긴장활력 Tense Energy

마감 날짜가 다가올 때 드는 기분이다. 바쁘면서도 생산적인 느낌이 든다. 에너지와 긴장 수준 모두 높다.

3. 긴장피로 Tense Tiredness

완전히 녹초가 된 기분이다. 에너지 수준이 낮고 긴장 수준은 높다. 대부분의 사람들이 오후 시간에 경험한다.

4. 평온피로 Calm Tiredness

자기 직전에 드는 기분이다. 스트레스는 없지만 에너지도 바닥이다. 활력과 긴장 수준이 모두 낮다.

[그림 1-1] 활력과 긴장감의 상태에 따른 기분의 4가지 종류

라 활력이 떨어지는데, 긴장감이 없는 상태에서는 활력이 떨어져도 기분 좋게 나른해서 깊은 잠을 잘 수 있다. 그렇지 않고 일정 수준 이상의 긴장감이 남아 있다면 불면증을 유발하거나, 잠자리에 들어서도 선잠을 자거나 숙면을 취하지 못할 수 있다. 반면에 평온피로 상태에서는 그야말로 신이 선물한 달고 깊은 잠을 잘 수 있다.

활력이나 긴장이 느껴질 때

활력이 생기면 자연스럽게 육체 활동이 일어나는데, 이때 아무런 스트레스도 받지 않고 시간적 압박도 느끼지 않는다면 평온하기 때문이다. 평온한 상태일 때 근육은 긴장을 늦추고 언제든지 활동할 만반의 채비를 한다.

반면에 긴장피로는 식욕을 유도한다. 음식은 즉시 에너지원으로 전환되기 때문이다. 이때의 식욕은 스트레스나 응급상황과 관련된 요구를 무의식적으로 감지하고 에너지를 보충하려는 욕구 때문에 생긴다. 자세히 관찰하지 않으면 식욕의 원인을 알 수 없는 경우가 많다. 게다가 거의 무의식적으로 일어나는 것처럼 보이기도 한다. 불쾌한 기분을 먹는 즐거움으로 대체한 경험으로 우리의 식욕은 순식간에 우리의 몸과 마음을 장악한다. 긴장피로 상태에서의 음식 섭취는 부정적인 기분을 조절하기 위한 강력한 수단이기 때문이다.

수많은 연구에서도 나타나듯이 우울과 불안, 권태와 외로움이 과식을 유발한다는 사실은 이런 부정적인 기분들이 긴장피로의 다양한 표현이라는 사실과 정확하게 맞아 떨어진다. 음식은 이 결손을 메워주는 한 가지 방법인 셈이다. 충동적 식사와 식욕도 이런 결손과 연결되어 있다. 긴장피로가 식사를 얼마나 자극하는지 깨닫고 나면 기분이 가라앉을 때 다이어트를 유지하기 어려운 이유를 이해할 수 있다. 또한 활력이 떨어졌을 때, 예를 들어 오후나 저녁에 다이어트 결심이 무너지는 이유도 분명해진다.

우리는 어릴 때부터 음식 섭취로 기분을 조절하는 방법을 학습해

왔다. 개인차가 있긴 하지만, 대부분의 사람들이 음식에 의지하여 기분을 조절한다. 물론 음식보다 운동이 훨씬 더 훌륭한 대안이다. 하지만 운동은 효과가 느리다는 단점도 있고, 우리의 학습 이력 때문에 운동을 조절 방법으로 인식하지 못할 수도 있다. '운동은 힘들다'는 선입견 때문에 운동 의욕은 더더욱 쉽게 무너지고 만다. 그러나 우리를 유혹하는 맛있는 음식은 즉각적인 즐거움을 줄 뿐, 운동이 선물하는 지속적인 즐거움은 주지 못한다는 사실을 잊어서는 안 된다.

긴장피로 상태에서는 운동을 할 의욕이 생기지 않지만, 평온한 활력 상태를 만들기 위해서는 '의식적인 무시'가 필요하다. '의식적인 무시'란 운동으로 기분을 바꿀 수 있다는 확신을 갖고 부정적인 기분을 의식적으로 '무시'하는 것이다. 쉽지는 않지만 충분히 가능하다. 일단 천천히 몸을 움직이는 것만으로도 반은 성공한 셈이다. 약간의 움직임으로 활력을 얻으면, 운동을 더할 수 있다는 확신이 설 것이다. 예를 들어 몇 킬로미터를 걷겠다는 목표보다는, 저 골목 모퉁이만 돌아오겠다는 계획을 세우고 활력이 어떻게 변화하는지를 지켜보라. 분명 조금씩 기분이 좋아지는 것을 느낄 것이다.

한편 우울증은 너무나 많은 사람들이 경험하는 긴장피로의 한 예다. 우울한 기분이 들면 몸의 에너지원이 고갈된다. 쉽게 말해 활력이 떨어진 것이다. 약간의 긴장감도 있다. 하지만 우울할 때의 긴장은 활력 상태의 긴장과는 다르다. 이른바 '격정성 우울증'은 긴장감의 수준이 상당히 높다. 이외에도 슬픔, 절망, 열등감과 같은 생각들과도 관련이 있다. 이런 생각들은 긴장피로와 매우 닮아 있다.

여러 신뢰할 만한 연구를 통해서도 알 수 있듯이 기분이 우리 몸에 매우 중요한 역할을 하는 것은 분명하다. 이를 바탕으로 우리는 기분의 부작용도 예측할 수 있다. 예를 들어 스트레스를 받거나 피로를 느끼면 충동적으로 음식을 섭취할 가능성을 예측할 수 있다. 또한 어느 때 운동을 하고 싶고, 어느 때 하기 싫은지도 알 수 있다. 기분이 나쁠 때 이를 개선하기 위해 자신이 습관적으로 이용하는 방법이 무엇인지를 인식하면, 전략적으로 자신의 기분을 조절하는 방법을 선택할 수 있다. 운동이 가장 훌륭한 대안이지만, 활력과 긴장을 근본적으로 이해하면 그 선택의 폭이 훨씬 더 넓어진다.

> **Good Mood**
>
> **이유 없이 뒷목이나 등이 자주 뻣뻣하다.**
>
> 항상 어느 정도의 긴장감을 느끼는 사람들 중에는 낮은 수준의 긴장감은 잘 깨닫지 못하는 경우도 있다. 이런 사람들은 실제로는 평온하지 않으면서도 자신이 평온 상태에 있는 것처럼 착각한다. 이런 경우는 자신의 활력 일주기를 측정해보라. 특히 가끔씩 목이나 등, 턱과 같은 부분의 근육 긴장감을 관찰해보면 금세 확인할 수 있다. 스트레스로 인한 긴장감이 몸의 긴장으로 나타나기 때문이다.

04

활력이 떨어지면 만사가 귀찮다

어느 날 마크라는 학생이 나를 찾아왔다. 학기말 시험을 앞두고 마크는 성적 때문에 걱정을 하고 있었다. 이미 다른 과목의 점수가 너무 낮아서 근신 중이었고, 내 수업의 두 과목도 점수가 좋지 않았기 때문이다. 학기말 시험에 대해 몇 마디 나눠보니, 그는 바로 이틀 앞으로 다가온 시험 준비를 아직 시작도 하지 않은 상태였다. 수업은 꽤 흥미롭지만, 필수 과목 교과서나 연구 논문을 읽으려고 하면 왠지 피곤해지고, 무언가 다른 중요한 일이 생각난다는 것이다. 그는 이것이 시험 때마다 나오는 자신의 행동 패턴이며, 발등에 불이 떨어지기 직전까지 공부를 해야겠다는 의욕이 잘 생기지 않는다고 말했다.

할 일을 미루는 버릇은 비단 마크만이 겪는 문제는 아닐 것이다. 많은 사람들이 마감이 코앞으로 닥쳐서 긴장감이 증가하여 활력으로 이어진 상태까지 가서야 일을 시작하곤 한다. 즉, 발등에 불이 떨어져야만 집중해서 몰아치듯 일을 해내는 것이다.

마크와 비슷한 몇몇의 경우들을 보면서 나는 두 가지 종류의 기분이 서로 영향을 미친다는 생각이 들었다. 즉 긴장감(불안감)이 적당한 수준까지 증가하면, 활력도 그에 따라 증가하는 것 같았다. 이것은 긴장활력이 일어나는 한 가지 방식이다. 대부분의 사람들이 이런 상태에서 일을 한다. 비록 할 일을 미룰 때마다 긴장활력이 증가하는 것은 아니지만, 마크의 경우에는 그랬던 것 같다.

이런 식으로 긴장활력이 늘어나는 이유는 무엇일까? 바로 사람들이 짧은 시간에 너무 많은 일을 하기 때문이다. 그러면 긴장이 커지면서 얼핏 활력을 얻는 것처럼 보인다. 물론 크든 작든 긴장활력은 일의 효율성을 높여주는 것은 사실이다. 하지만 긴장이 적절한 수준을 유지하지 못하고, 감당하기 힘들 만큼 더 커졌을 때를 생각해보라. 분명히 기분은 최악의 상태로 떨어지고 말 것이다.

활력에 따라 기분은 수시로 변한다

마크가 두 번이나 결석을 한 뒤 어느 날 학교에 와서는 잊고 있던 시험 시간표를 확인했다고 가정해보자. 가뜩이나 낙제할 위기에 처한 그는 이번 시험에서도 성적을 올리지 못하면 부모님으로부터 받던 등록금 지원도 끊길 판이다. 그만큼 중요한 시험임에도 철저히 준비하지 못했다는 사실을 깨닫는 동시에 마크는 불안감이 치솟을 것이다. 그리고 긴장자극이 상당한 수준까지 높아지면서 가슴이 철렁할 정도의 충격이 전해진다. 그 충격은 급기야 정반대의 감정들, 예를 들어 긴장감이 고도로 높아졌을 때와 같은 우울증으로 발전할 수 있다. 활력이 높아지기는커녕 그는 그만 기운이 쭉 빠져버리고 말 것이다. 이런 상황에서는 긴장활력이 아닌 긴장피로가 나타난다. 즉, 뭔가를 해보겠다는 활력은 떨어지고 긴장감만 높아지는 것이다.

이처럼 낮은 활력과 높은 긴장감이 종종 짝을 이룬다는 사실은 중요한 의미를 갖는다. 나의 관점에서 볼 때 활력이 떨어지면 긴장감을 유발하는 스트레스에 더 취약해질 수 있다. 이것은 활력이 낮으면 모든 일들이 평소보다 더 귀찮아진다는 의미다. 사람들은 대게 피곤할 때 짜증을 더 잘 내고 훨씬 더 공격적인 성향을 띤다. 부모들이라면 아이들이 피곤할 때 평소와 달리 짜증이 많거나 귀찮게 군다는 사실을 경험을 통해 잘 알 것이다.

활력이 낮을 때 사람들은 불안감과 긴장감에 더 민감하다. 긴장피로의 상태에 스트레스를 더 심하게 느끼기 때문이다. 앞서 말한 것처럼 활력이 떨어지고 피로를 느낄 때 우리는 그 불쾌한 상태에서 속히 벗어날 방법을 찾으려 한다. 물론 가장 일반적인 조절 방법은 당분과 같은 고칼로리 식품 섭취다. 혹시 배가 고프지 않은데도 고칼로리 식품이 당긴다면 긴장피로를 의심해봐야 한다.

이제 활력자극과 긴장자극의 복잡한 관계를 보여주는 [그림 1-2]를 살펴보자. 그림을 보면 긴장이 활력을 높여주기는 하지만 분명 한계가 있다. 그 한계를 넘어서면 오히려 활력을 떨어뜨린다. 이렇게 떨어진 활력으로 인해 우리는 스트레스에 더 취약해지고 긴장감

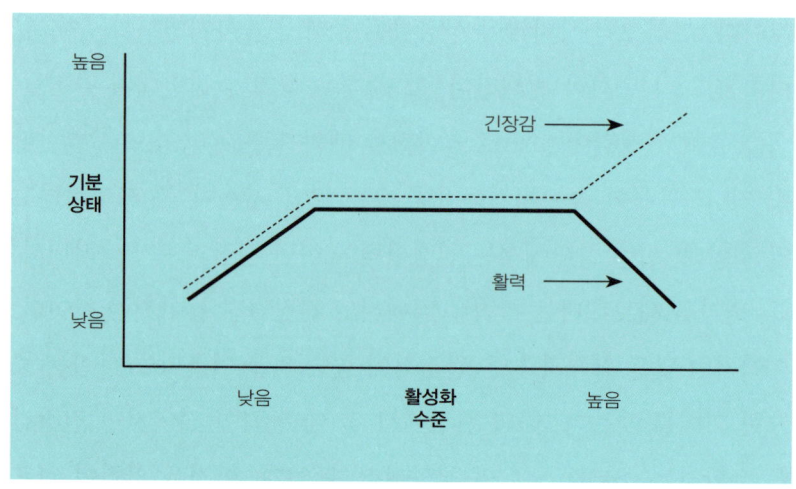

[그림 1-2] 활력에 따른 기분의 변화 1

은 더 높아진다. 그 결과 당분이 많이 함유된 간식을 자주 찾게 된다.

더 이상 활력과 상관없이 긴장감이 증가하는 한계점은 전반적인 신체의 컨디션에 따라 다르다. 이를테면 수면 부족과 질 낮은 식사라는 바람직하지 못한 두 습관이 겹쳐지면, 마크의 경우 비교적 낮은 수준의 긴장만 느껴도 활력이 확 떨어질 수 있다. 다시 말해 그의 신체 컨디션이 나쁘다면, 적절한 압박감에도 쉽게 긴장피로 상태에 빠질 수 있다. 이때가 설탕 범벅인 음식에 빠져드는 최대의 위기인 셈이다.

이번에는 한 개인의 활력 수준을 시간대에 따라 생각해보자. 만약 마크가 활력이 가장 높은 시간대에 시험을 본다고 가정해보자. 이런 상황은 그에게 긴장활력을 가져다줄 것이다. 하지만 늦은 오후 활력이 낮은 시간대라면 그는 긴장피로를 느낄 것이다. 그러면 아마도

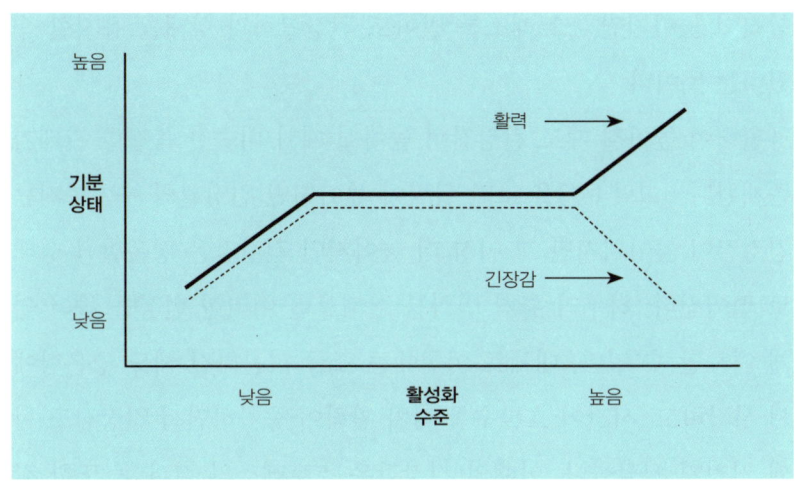

[그림 1-3] 활력에 따른 기분의 변화 2

바람직하지 않은 방식으로 자기조절을 할 가능성이 높아진다. 특히 중요한 일을 앞두고 있다면 활력이 낮은 시간대를 피해야 한다.

적당한 수준의 긴장감은 활력을 높이지만 긴장감이 정도를 넘어서면 오히려 활력을 떨어뜨린다는 원리를 기억할 것이다. 똑같은 행동도 활력이 떨어진 시간대에는 긴장과 스트레스를 유발하고, 활력이 높은 시간대에는 스트레스와 긴장을 거의 유발하지 않거나 그 정도가 낮은 편이다. 또한 잠을 적게 자거나 끼니를 걸러서 활력이 낮아졌을 때도 종종 긴장피로의 상태가 된다. 잠깐 동안의 낮잠이나 영양분을 섭취하는 것은 떨어진 활력을 보충하여 우리를 긴장활력 상태로 만들어주고, 더 나아가 평온활력이라는 생산적인 상태로 발전시킨다. 건강이 좋지 않을 때는 긴장감이 높아지거나 그 결과로 생긴 긴장피로에 더 취약하지만, 규칙적인 운동과 영양 보충을 통해 활력이 높아지면 스트레스를 받아도 긴장활력의 상태를 유지할 수 있다는 뜻이다.

활력이 높아질 때도 긴장감이 높아질 때와 비슷한 복잡한 관계가 존재한다. 〔그림 1-3〕을 보면 활력이 높아지면 긴장활력 수준까지는 긴장감이 높아지지만 그 이상 더 높아지면 긴장감은 평온활력 상태로 떨어진다. 하루의 활력 변화를 살펴보면 이러한 현상을 좀더 쉽게 이해할 수 있다. 대체로 아침에는 조금 피곤하긴 해도 평온함에서 시작하고, 시간이 흐를수록 점차 활력이 증가하면서 긴장감도 함께 커지기 시작한다. 이때의 긴장감은 스트레스의 결과다. 또한 잠을 잘 때는 활력이 떨어지면서 긴장감이 줄고, 낮 동안에는 활력이 늘어나면서 긴장감도 늘어난다. 개인에 따라서는 스트레스를 받는 동안 긴장활력을 느끼기도 하지만, 대부분 최고의 활력은 평온할 때 느껴진다.

우리는 일상생활 중에서 평온활력을 쉽게 접할 수 있다. 대체로 적절한 운동이나 식사 혹은 커피를 마시는 것과 같은 활동들은 일시적으로나마 평온활력을 불러온다. 스트레칭이나 명상, 요가 혹은 마사지와 같이 긴장감을 줄여주는 활동을 통해서도 평온활력을 느낄 수 있다. 그리고 모든 경우에서 활력이 일정 수준까지 상승하면 평온활력 상태가 된다.

05
현재의 기분을 파악하는 방법

　최근의 과학 연구에서 '기분'은 최고의 화두로 떠오르고 있다. 그 영향으로 지난 10년 동안 기분에 관한 논문과 저술들이 봇물처럼 쏟아졌다. 기분이 '감정'에 비해 오래 지속되고 강도가 약하다는 차이는 있지만, 기분과 감정은 하나의 범주로 다뤄지고 있다. 하지만 심각한 우울증과 같은 경우를 통해서도 알 수 있듯이 모든 상황에서 기분이 강도가 약하다고 단정할 수는 없다. 또한 분명한 원인이 있는 감정과 달리 기분은 손에 잡히지 않는 안개처럼 느껴져서 좀더 불가사의한 것으로 취급되고 있다.
　한 가지 예를 들어보자. 만약 사나운 개가 달려오고 있다면 그 감정 효과는 공포이겠지만, 이 감정은 시간이 지나면 곧 사라진다. 반면에 사나운 개에 대해서는 잊었지만 다음 날까지도 긴장감이 느껴지고 걱정스러운 마음이 지속된다면 이것은 곧 부정적인 '기분'이라고 할 수 있다. 설령 그 개가 감정의 최초 원인일지라도 이런 감정들이 다음 날까지 지속되면 개가 아닌 다른 무언가의 영향을 받았을 가능성이 있다. 대부분의 사람들이 생각하듯이 기분의 원인은 불가사의한 것이 아니다. 여기에도 기본적인 원리가 숨어 있다.

먼저 몇 가지 전문 용어와 측정에 대해 일러둘 것이 있다. 정서(affect)라는 말은 의학적으로 기분(mood)과 비슷한 의미로 쓰인다. 정서는 표면적인 감정을 말하는 반면, 기분은 더 오래 지속되는 상태를 말한다. 임상심리학자나 정신과 의사들은 환자의 말투나 울음 혹은 웃음과 관련하여 그 환자의 정서를 진단한다. 가령 정신과적 증상으로 감정적 반응이 급격하게 변하는 것을 '정서불안'이라고 표현한다. 일반적인 과학 연구에서는 종종 정서와 기분을 혼용하기도 한다. 이 경우 보통 '기분 체크리스트'를 참고하여 개개인이 느끼는 기분을 설명한다.

현재의 기분을 형용사로 표현해보기

사람을 대상으로 한 연구에서는 참가자들이 스스로의 기분을 기록하거나 또는 몇 시간 전이나 하루 전, 몇 주 전의 기분 상태를 설문으로 충분히 파악할 수 있다. 또한 기분과 다른 변수들과의 상관관계도 알아낼 수 있다. 다만 현재의 기분에 대해서는 비교적 정확한 반면, 하루나 며칠 전의 기분에 대해서는 정확성이 떨어진다는 단점이 있다.

과학적 연구에서 사람의 기분을 측정하는 가장 보편적인 방법은 기분을 묘사한 형용사 목록을 읽고 참가자들 스스로가 현재의 기분 상태를 체크하는 것이다. 예를 들어 이렇게 질문한다. "지금 이 순간 얼마나 우울 / 행복 / 활기 / 긴장을 느끼는가?"

또한 정상적인 기분을 측정하는 데 가장 널리 이용하는 방법은 '기분 상태목록(POMS : Profile of Mood States)'이다. 몇 년 전 내가 개발한 '기분 측정방법'도 널리 쓰이고 있다. 이 방법은 특히 과학자들이 기분과 생물학 혹은 생리학적 연관성을 파악할 때 이용하는 방법이다. 일명 '부활성–불활성 형용사 체크리스트(Activation-Deactivation Adjective Check List, AD ACL)'라고도 말한다.

가장 기초적인 과학적 연구 방법은 측정과 분류다. 생물학자가 식물과 동물을 보다 더 정확하게 이해하기 위해 계통 발생학적 단계로 분류하는 경우를 예로 들어보자. 이런 분류 체계를 이용하여 생물학자들은 다양한 종들의 유사성을 확인하고 그 공통의 조상을 찾는다. 비슷한 방식으로 여러 가지 기분들이 서로 어떤 관련이 있는지, 비슷한 부류의 기분들이 공통의 원인을 가지고 있는지, 또는 대체 기분이란 몇 가지나 되는지 등을 밝히기 위해 기분의 분류 체계를 개발하는 수많은 연구들이 있었다. 이때도 대부분 형용사 체크리스트로 시작한다.

나의 박사학위 논문 지도교수이자 로체스트 대학의 교수였던 빈센트 노리스는 이 분야의 선구자다. 노리스 교수는 복잡한 형용사 체크리스트를 만들어 수많은 종류의 기분을 측정했다. 그가 만든 체크리스트를 활용하면 거의 모든 기분들을 측정할 수 있다. 이 체크리스트를 이용해 사람들이 현재의 기분을 측정하면, 노리스 교수는 '요인 분석'이라는 수학적 통계 과정을 통해 형용사가 나타내는 모든 기분의 요소와 수준을 결정한다. 이 방법으로 그는 기분의 종류와 서로 다른 기분들 사이의 관계를 밝히고자 했다. 그는 우리가 느끼는 기분을 모두 열두 가지 범주로 다음과 같이 나누었다.

공격 - 초조 - 위기 - 의기양양 - 집중 - 피로
호의 - 슬픔 - 회의 - 자기중심 - 활기 - 냉담

기분 상태목록은 노리스 교수의 연구에서 좀더 발전하여 '긴장-불안, 활기, 피로, 혼란' 이 네 가지 범주가 더 포함된다. 기분 상태 목록의 마지막 범주인 '혼란'은 여러 개의 다른 기분들을 동시에 경험할 때 사람들이 혼란스럽고 어리둥절해한다는 사실을 발견하고 연구자들이 추가한 것이다. 우리는 종종 "기분이 좋은 것 같기도 하고 나쁜 것 같기도 해요"라고 말한다. 혹은 우울하거나 행복하거나 즐거운 감정을 동시에 느끼기도 한다. 과학자들은 이런 다중적 감정의 바탕이 되는 기분을 '혼란'이라고 생각한 것이다.

기분은 활력과 긴장감에 따라 다르다

기분에 관한 나의 연구는 노리스 교수의 연구를 참작했지만 내가 특별히 관심을 기울인 부분은 기분의 생물학적 바탕이었다. 내 생각에 보다 근본적인 생물심리학적 범주는 노리스 교수가 정의한 열두 가지 범주보다 더 적은 것 같았다. 나 역시 요인 분석과 유사한 수학적 처리 과정을 이용했지만, 경계심이나 피곤함 그리고 운동이나 음식, 스트레스 등의 효과와 관련 있는 생물학적 변수들에 초점을 맞추었다.

여러 해에 걸쳐 연구한 결과, 우리가 매일 경험하는 기분들의 대부분은 두 가지의 공통적인 생물심리학적 범주를 갖는다는 사실을 발견했다. 그 중 하나가 활력자극인 '활력(energy)'과 긴장자극인 '긴장(tense)'이다. [그림 1-4]에서 보듯이 이 두 가지 범주는 서로 관련이 있으며 다른 두 가지 범주와도 연결되어 있다. 대부분의 사람들이 생각하는 공통적인 기분은 활력과 긴장과 밀접하게 연결되어 있다. 실제로 좋은 기분은 활력이 높고 긴장이 적으며(평온활력), 우울증과 같은 나쁜 기분은 활력이 낮고 긴장이 높다(긴장피로). 따라서 즐거움과 행복은 평온활력과 어울리는 반면, 절망감은 긴장피로와 어울린다. 만약에 배고프지 않을 때도 먹고 싶은 충동이 강하게 든다면 그것은 긴장피로와 관련이 있다. 이처럼 우리의 기분은 활력과 긴장 수준에 따라 수시로 바뀐다.

최근 20년간 다른 분야의 연구들은 괄목할 만한 발전을 이루었고 분류 체계들도 눈부시게 발달했다. 그러나 기분에 관한 연구는 상대적으로 간과되었고, 생물학에서 쓰는 분류 체계만큼 제대로 분류되지도 않았다. 하지만 여러 가지 면에서 기분의 기본적인 범주를 찾는 연구는 생물학에서 이중나선 구조를 발견한 DNA 연구와 맞먹는다.

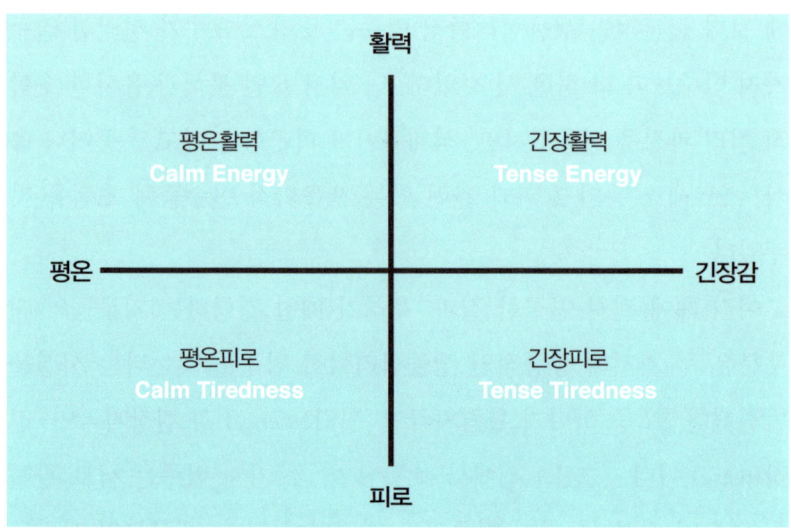

[그림 1-4] 기분 상태를 나타내는 4가지 종류

기분을 이해하기 위해 또 다른 체계를 제안한 사례도 있다. 브리티시 콜롬비아 대학의 제임스 러셀과 그의 동료들은 기분에는 '즐거움'과 '각성'(나중에는 '활성화'라고 알려짐)이라는 두 가지 기본적인 범주가 있다고 주장했다. 러셀이 말하는 범주의 대표적인 기분은 평온활력에서 긴장피로까지, 긴장활력에서 평온피로까지 그 범주를 묶어서 대략적으로 나타낸 것이다. 러셀이 분류한 범주에는 동의하지만 우리의 분류와는 표현하는 용어도 다르고 각 범주가 포함하는 감정들도 약간 다르다. 무엇보다 우리는 가장 기본적인 범주를 활력과 긴장으로 보는 반면, 러셀은 즐거움과 활성화로 본 것이다.

미네소타 대학의 제임스 왓슨과 오크 텔레겐은 기본적인 범주를

'긍정적 정서'와 '부정적 정서'로 나누었다. 후에 이 명칭은 '긍정적 활성화'와 '부정적 활성화'로 바뀌었다. 이와 관련한 연구들은 매우 다양하다. 이 두 가지 범주는 내가 분류한 '활력자극'과 '긴장자극'이라는 두 범주와 매우 비슷하다. 왓슨과 텔레겐이 발전시킨 두 범주는 다른 연구나 나의 연구를 조합하고 재분석해서 얻은 결과이기 때문에 유사성이 있는 것은 당연하다. 그러나 이들이 주장하는 긍정적 정서와 부정적 정서는 서로의 관련성 면에서 볼 때, 내가 분류한 범주와는 본질적으로 다르다. 이처럼 기분의 범주는 학자들마다 견해가 다른 것이 사실이다.

Good Mood

쇼핑으로 기분이 풀어질까?

조사에 의하면 많은 여성들이 쇼핑을 통해 기분을 개선한다고 응답했다. 쇼핑의 효과에 대해 엇갈린 대답도 있지만, 일부 여성들은 매우 효과적으로 쇼핑을 이용하고 있었다. 쇼핑을 통해 적당히 운동도 할 수 있고 사회적 상호작용을 할 수 있기 때문이다.

Mood Cafe

왜 우울할 때
초콜릿이 더 생각날까?

우리는 기분을 조절하기 위해 무언가를 먹는다. 부정적인 기분을 조절할 때도 먹고, 현재의 기분을 유지하고 싶을 때도 먹는다. 또 주의를 환기시키거나 활력을 얻고 싶을 때도 먹는다. 때로는 특별히 기분이 나쁘지 않아도 먹을거리를 찾는다.

소파에 앉아 TV를 볼 때를 떠올려보자. 여기저기 채널을 돌려봐도 지루하기만 할 뿐 재미가 없다고 느껴지는 순간, 조금씩 피곤이 몰려온다. 그래도 잠들기에는 아직 이른 것 같다. 순간 초콜릿이 퍼뜩 떠오른다. 초콜릿의 달콤 쌉싸름한 맛을 떠올리자 약간 활력이 도는 것도 같다. 이런 반응은 과자가 우리에게 가르쳐준 조건반사의 하나다. 하지만 자존심이 있지, 쉽게 굴복할 수는 없다. 다시 여기저기로 채널을 옮겨가며 TV에 집중한다. 하지만 다시 초콜릿이 떠오른다. 결국 딱 한 조각만 먹겠다고 다짐하며 초콜릿을 향해 손을 내민다. 아, 한 조각의 초콜릿은 미각을 더더욱 자극할 뿐이다. 이미 엎질러진 물, 초콜릿 조각들이 연달아 입속으로 빨려 들어간다.

이런 경험은 누구나 한 번씩 겪었을 것이다. 과자봉지를 뜯었을 때 조금만 먹고 남겨둔다는 건 여간 어려운 일이 아니다. 일단 뜯으면 바닥을 봐야 직성이 풀릴 정도로 조건반사의 힘은 강력하다. 이런 순간적인 충동도 활력과 긴장감의 미묘한 변화와 관련이 있다. 조심하지 않으면 이 짧은 순간의 감정 혹은 기분이 역으로 우리를 통제한다. 그러니 우리가 통제력을 잃지 않으려면 기분의 작동 원리를 잘 알아야 한다.

먹는 행위가 우리에게 위로를 주고 기분을 좋게 만든다는 사실은 분명하다. 기분이 가라앉거나 과도한 스트레스로 지쳤을 때 음식은 분명 도움이 된다. 왜 그럴까? 약물이 작용하는 방식을 이해하면 바람직하지 않은 식습관을 이해하는 데 큰 도움이 된다. 먹는 행위는 종종 자기치유의 한 방법으로 이용된다. 그리고 기분을 조절하는 데 이용되는 다른 물질들과 마찬가지로 고칼로리 식품은 우리의 정신을 뒤흔들어놓는다. 이런 식품들은 긴장감에 대응하는 데 필요한 에너지를 즉각적으로 주기 때문이다. 초콜릿이 떠오를 때마다 한번 이렇게 생각을 바꿔보자. '음, 내가 좀 피곤한가보군. 초콜릿을 먹고 싶지만, 그것보다 차라리 잠깐 눈을 붙여야겠어.'

Good Mood 2

당신의 기분을 나쁘게 하는 것들

기분 시스템은 심리적 상태와 육체적 상태를 동시에 반영한다. 사람들에게 기분이 나빠진 이유가 무엇이냐고 물으면 대체로 반쪽짜리 대답만 한다. 남자든 여자든 기분을 좌우하는 건 사건이나 환경이라고 말한다. "남편이 나를 무시해서" 혹은 "차가 고장 나서" 아니면 "일이 잘 안 풀려서"처럼 기분이 나빠진 원인을 주변 환경이나 특정한 사건에서 찾는다. 그러나 조금만 이성적으로 생각하면, 이런 식의 대답에는 문제가 있다는 사실을 금방 알 수 있다. 사건과 환경도 일정 부분 기분을 좌우하는 데 영향을 끼치는 건 사실이지만, 그보다는 수면 시간과 건강, 식사 시간과 메뉴, 운동 등이 기분과 훨씬 더 관련이 깊다.

Good Mood

01

나쁜 기분의 주범, 스트레스

: 기분과 스트레스

　영업사원으로 일하는 29세의 M. 그는 눈부신 성공을 향해가고 있다. 그러나 여기에는 약간의 대가가 따랐다. 여자 친구를 만날 틈이 없는 것이다. 통화를 하거나 음성 메시지를 주고받는 정도가 전부다. 짬을 내서 늦은 밤 시간에 잠깐씩 만나기는 하지만, 그럴 때마다 M은 늘 극도로 지쳐 있다. 사랑을 나누는 횟수도 겨우 한 달에 한 번밖에 되지 않는다. M은 시간이 없다는 불평을 입에 달고 산다.

　20대 초반까지만 해도 M은 원기 왕성했다. 그러나 갈수록 체력이 점점 저하되고, 위는 불쾌할 정도로 비대해지기 시작했다. 아버지와 형처럼 그에게도 비만이 현실적인 문제로 나타나기 시작한 것이다. 선천적으로 살이 잘 찌는 유전자를 타고난 그는 특히 더 주의를 기울였어야 했다. 하지만 그는 완전히 반대로 행동했고, 그 결과 지금의 모습이 되었다.

M의 가장 시급한 문제는 스트레스와 시간 부족이다. 그는 거의 매일 쫓기듯 식사를 한다. 평소 그는 차에 탄 채로 주문할 수 있는 패스트푸드점을 자주 이용한다. 패스트푸드점에서 제공하는 빠르고 맛있는 식사는 약속 시간 사이사이 그에게 필요한 에너지를 신속하게 충전해주기 때문이다. 대부분의 시간을 차 안에서 보내는 그는 공복 시 피로감이 엄습할 때를 대비하여 차 안에 항상 도넛과 빅 사이즈의 커피를 준비해둔다. 시간이 없다는 이유로 가까운 거리도 차를 이용하며, 규칙적인 운동은 접은 지 이미 오래다. 게다가 자신의 라이프스타일에 필요한 양보다 훨씬 더 많은 양의 칼로리를 섭취하고 있다.

스트레스에 둘러싸인 일상생활

실제로 우리 주변에는 이런 수많은 M들이 살아가고 있다. 이들에게 스트레스란 떼려야 뗄 수 없는 필요조건이다. 이들은 늘 팽팽하게 긴장해 있고, 몸의 에너지원은 수시로 고갈된다. 음식으로 기분을 조절하려고 애쓰면 애쓸수록 그들의 식습관은 더욱 악화되고, 갈수록 더 고칼로리 식품을 찾고 만다. 이런 상황 속에서 비만이 증가하는 게 이상한 일일까?

이처럼 미국뿐 아니라 전 세계 모든 국가에서 삶의 속도는 전반적으로 빨라지고 있다. 1970년대 앨빈 토플러는 베스트셀러 《미래의 충격》을 통해 "우리의 스트레스가 갈수록 증가하고 있다. 이제 강요

된 변화에 맞춰 우리의 사고(思考)를 재구성해야 한다"는 사실을 일깨우면서 큰 충격을 안겨주었다. 그는 30년이 채 안 되는 시간 안에 수백만 명의 사람들이 이른바 미래와의 돌연한 충격에 직면할 거라고 경고했다. 당시에도 앨빈 토플러는 사람들이 소비하는 제품들과 생활하고 있는 공동체, 소속된 조직 혹은 융단 폭격처럼 쏟아지는 매스미디어뿐 아니라 친구나 연인과 같은 인간관계에도 이런 변화들이 어떻게 시작되는지를 현실감 있게 보여주었다. 우리가 1970년대로 돌아가서 그의 글을 읽는다면 꽤 충격적일 것이다. 그러나 토플러의 미래 예측들은 이미 모두 현실화되었다.

현재 우리의 삶 속에 파고든 빠른 속도에 대해 제임스 글릭은 1991년에 출간한 《빨리빨리》에서 이렇게 탁월하게 묘사했다.

"현대 사회를 한마디로 정의한다면 기술 혁신의 시대, 즉 가속도의 시대다. 우리는 서두르고 있다. 컴퓨터, 영화, 섹스, 심지어 기도문을 암송할 때조차도 유래 없이 가속도가 붙는다. 우리의 삶이 시간 절약형 도구들과 시간 절약형 전략들로 채워질수록 우리는 더욱 시간에 쫓기는 기분을 느낀다."

폭풍의 눈 속에서 폭풍을 감지하기 힘든 것처럼 변화의 중심에 있을 때 우리는 그 변화를 감지하기 어렵다. 그러나 최근 20년 동안 벌어진 변화만을 간단히 묘사해보자. 20년 전을 기억하는 사람이라면, 영화관에 한 번 가면 서너 시간 동안 좌석에 앉아 항상 동시 상영하는 두 편의 영화를 관람했다는 사실을 기억할 것이다. 요즘 사람들이 이런 식으로 시간을 보내는 모습이 상상이나 되는가? 그래도 삶의 속도가 더 빨라졌다는 생각이 안 든다면 케이블 TV에서 재방송

하는 초창기 시트콤이나 옛날 드라마들을 몇 시간만 시청해보라. 내용 전개가 얼마나 느린지 확연하게 느낄 것이다. 당시 시청자들에게는 인기가 있었겠지만, 오늘날의 사람들은 더 많은 액션이 가미되고 더 빠른 내용 전개로 더 신속하게 결론에 이르는 드라마를 좋아한다. 이렇듯 삶은 더더욱 가속화되었고, 그 속도는 다양한 방식으로 우리에게 영향을 미친다. 그 중에서도 우리의 전반적인 기분과 그 기분을 조절하는 방식에 가장 큰 영향을 미친다.

시간 압박 스트레스

대다수의 사람들이 '시간'을 스트레스의 주범으로 느낀다는 사실은 여론조사에서도 분명하게 드러난다. 예를 들어 15년 전에는 부부관계의 주된 스트레스 원인을 시간 부족이라고 생각하는 사람이 응답자의 18퍼센트였다. 그러나 10년이 채 지나지 않아서 같은 대답을 한 응답자는 28퍼센트로 늘어났고, 최근에는 이미 30퍼센트를 넘어섰다.

한편 스트레스의 새로운 원인으로 정보와 소통의 폭발적 증가를 들 수 있다. 얼마 전 나는 스탠포드 대학의 심리학자 필립 짐바르도 교수의 강연을 들을 기회가 있었다. 그는 자신이 속한 조직에서도 의사소통의 급격한 변화를 경험한다고 말했다. 동료 교수들은 이제 각자의 사무실에 앉아서 서로 이메일이나 주고받을 뿐, 의견을 나누거나 친분을 쌓기 위해 동료의 사무실을 직접 찾지 않는다고 했다.

내가 근무하는 대학에도 예전에는 늘 열려 있던 사무실 문이 지금은 굳게 닫혀 있다. 그래서 간단한 의사소통이라도 하려면 이메일을 보내거나 음성 메시지를 남기든지 휴대전화기로 전화를 걸어야 한다. 보고서가 늦어지면 타자기용 테이프가 다 떨어져서라는 핑계를 대던 시절이 있었다. 그러나 지금은 컴퓨터에 에러가 나서 작동하지 않는다고 해야 그나마 핑계가 될 수 있다.

앨빈 토플러가 《미래의 충격》을 쓸 당시만 해도 지금처럼 놀라울 정도로 복잡한 개인용 컴퓨터는 감히 상상조차 하지 못했다. 그러나 오늘날 개인용 컴퓨터는 삶의 일부가 되었다. 자료 조사가 필요한 과제를 제때 제출하지 못하는 학생들은 이제 인터넷 접속에 문제가 있다는 핑계를 댈 확률이 높아졌다. 오늘날 학생들이 인터넷을 통해 이용할 수 있는 데이터베이스는 거의 압도적인 수준이다. 불과 몇 년 전만 해도 상상조차 할 수 없었던 일이다.

〈USA 투데이〉는 이런 새로운 변화를 분석하고 이것을 '테크노스트레스'라는 말로 언급했다. 예전에 고객들은 하루나 이틀 정도는 거뜬히 기다려주곤 했지만, 오늘날 고객들은 즉시 팩스나 이메일로 답변 받기를 원한다. 이런 발달이 생산성을 높인 것은 사실이다. 그러나 불리한 면도 명백히 있다. 근로자들은 컴퓨터의 발달로 인해 전자 정보를 분류하고 이메일 답변을 하는 데 너무 많은 시간을 허비해야 한다는 사실을 깨닫게 되었다. 어쨌든 통신의 발달로 인해 퇴근 후에도 밀린 업무에 대한 부담감을 느끼는 것이 현실이다. 삶의 속도가 빨라질수록 통행료도 비싸졌다. 긴장감의 수준이 높아지는 것은 피할 수 없는 결과인 셈이다.

스트레스는 긴장감으로 이어진다

일상생활에서 생긴 스트레스는 곧 긴장감으로 이어진다. 이러한 긴장감은 주로 활력 저하와 나쁜 기분으로 나타나고, 또다시 과식과 운동 기피로 이어진다. 다루기도 벅찬 요구들이 우리를 압박하고, 몸의 에너지원은 소진되었기 때문이다. 이처럼 우리의 정신 상태, 즉 인식은 긴장감이 늘어나고 기분이 가라앉는 과정에서 중요한 역할을 한다.

개인적인 문제들은 분명히 스트레스 수준에 영향을 미친다. 우리가 어떤 일로 괴롭다면, 그 일을 생각할 때마다 긴장을 하게 된다. 때로는 이런 상황이 장기적으로 이어질 수 있다. 지속적인 문제들은 만성적인 긴장감을 유발하고, 그 결과 육체적인 고통뿐 아니라 행동상의 문제도 발생한다.

인식의 과정은 여기서도 중요한 역할을 한다. 어떤 일이 문제라는 것은 우리가 그것을 '문제'로 인식하기 때문이다. '인식'은 무의식이 관련된 복잡한 작용이다. 온종일 어느 한 문제에만 매달려 있다고 상상해보라. 얼마나 피곤한 일인가. 이른바 무의식적인 영향에 대해서는 이견이 많다. 수많은 인지과학자들은 프로이트가 말하는 '역동적 무의식'과 구분하기 위해 의식의 낮은 수준을 거론한다. 하지만 대부분의 학자들은 여전히 우리 행동의 상당 부분은 의식하지 못한 상태에서 일어나거나, 인식 수준이 아주 낮은 상태에서 일어난다는 데 동의하고 있다. 우리가 문제를 완전히 인식하든 하지 못하든, 문제들은 흔히 긴장감을 유발한다. 그뿐 아니라 활력도 떨어뜨린다.

이처럼 여러 가지 측면에서 우리가 안고 있는 문제들은 우리의 기분에 영향을 미치는 것이다.

우리의 활력 수준은 상황에 대한 생각뿐 아니라 '반응'에도 중요한 영향을 미친다. 대부분의 사람들은 나쁜 기분을 유발한 원인을 외부에서 찾는다. "어떤 일이 일어나서 기분이 나빠졌다"는 식이다. 물론 때로는 일이 원인이 될 수도 있지만, 그보다는 자연스럽게 일어나는 신체적 패턴에서 원인을 찾을 수 있다. 이를테면 건강, 수면, 식사, 그리고 육체적 활동은 삶에서 일어나는 크고 작은 일들보다 우리의 기분에 더 강력한 영향을 미치기도 한다.

스트레스에 대처하는 방법

스트레스나 부정적인 사건들로 인해 기분이 달라지는 것은 상황을 바라보는 우리의 방식 때문이다. 어떻게 바라보느냐에 따라서 긴장감의 수준이 얼마든지 달라질 수 있다. 반대로 활력이 높은 경우라면 긴장감이 높아져도 상대적으로 기분에 미치는 영향은 적을 것이다. 예를 들어 누구나 한번쯤은 나쁜 일이 벌어졌을 때도 긍정적인 기분을 유지했던 경험이 있을 것이다. 하지만 반대로 활력이 낮을 때는 같은 문제도 긴장이 고조되면서 기분이 더욱 악화되기도 한다. 왜냐하면 활력이 바닥으로 떨어진 상태에서는 아무리 사소한 문제나 스트레스도 엄청난 악영향을 미치기 때문이다. 이런 때는 주로 과식이나 바람직하지 못한 행동들로 자기조절을 할 수밖에 없다.

마찬가지로 좋은 기분 상태에서는 활력을 높여주는 자연스러운 과정들이 기분을 더욱 좋게 만들어준다. 그렇다고 나쁜 기분일 때 로또에 당첨이 되었는데도 기분이 그저 그럴 거라는 말은 결코 아니다. 당연히 날아갈 듯, 아니 그 이상으로 기분이 좋을 것이다. 긍정적인 사건들은 활력을 불러일으키기 때문이다. 누군가 건네는 소소한 칭찬 한마디에도 기분이 좋아지는 걸 보면 분명하다. 그런 만큼 뭔가 긍정적인 일을 찾는 것만으로도 충분히 기분이 좋아질 수 있다. 그러나 내 경험상 이런 일회적인 효과는 건강이나 질 높은 수면, 적당한 영양 섭취, 적절한 운동 등 전반적으로 신체의 컨디션을 좋게 유지하는 방법에 비해서 기분에 미치는 영향이 별로 크지 않다.

이런 배경에서 기분을 이해한다면 기분이 왜 아무 이유 없이 왔다가 사라지는 안개처럼 미스터리하게 보이는지를 파악할 수 있다. 자신에게 일어난 일이 기분의 주된 원인이라면, 기분이 좋아지고 나빠지는 이유를 완벽하게 알 수 있다. 하지만 안타깝게도 대부분의 사람들이 자신의 기분을 잘 이해하지 못한다. 이것은 우리의 기분에 자연스러운 영향을 미치는 과정들이 '서서히' 일어나고, 기분에 일어난 변화가 다시 '천천히' 자연스러운 변화를 이끌기 때문이다. 그래서 대부분의 사람들이 기분과 연관 짓지 못한다. 하지만 일단 연관 짓고 나면 기분에 대한 이해의 수준이 높아지고 기분을 조절할 가능성의 문이 활짝 열린다. 우리가 지금 '기분'에 대해 이해하고 활용할 방법을 찾는 이유도 바로 여기에 있다.

Good Mood

스트레스의 신호들

혹시 다리를 쉴 새 없이 떨어본 적이 있는가. 그런 경우 어느 정도의 긴장감을 느끼고 있다고 봐야 한다. 손톱 물어뜯기, 머리카락 배배 꼬기, 연필 돌리기 등도 긴장감의 신호다. 어떤 학생들은 긴장하면 짜증을 잘 내거나 조바심을 내기도 한다. 이러한 긴장감의 신호들을 통해서 자신의 내면상태를 보다 더 분명히 알 수 있다.

02

왜 갈수록 우울한사람이 많아질까?
: 기분과 부정적인 감정

    L은 45세의 여성이다. 그녀는 자신의 오랜 결혼 생활에 문제가 있다고는 생각하지 않았다. 그러나 그녀의 남편은 다른 여자를 만났고, 결국 부부는 이혼했다. L은 이미 쉽게 부정적인 기분에 젖어들 수 있는 가족력을 갖고 있었다. 그녀의 할머니는 자살했고 어머니는 만성적인 우울증에 시달렸으며, L 자신도 가벼운 우울증 때문에 늘 피로에 젖어 있었다. L에게 이런 피로감은 전력투구를 원하는 직장 생활과 맞물려 더더욱 부담이 되었다. 상사가 일을 더 빨리, 더 많이 하라고 채근할 때마다 그녀는 감정을 주체하지 못하고 터지는 눈물을 가까스로 참아야 했다.

    그러는 사이 그녀의 건강은 눈에 띄게 악화되었다. 헬스클럽 회원증은 처박아둔 지 오래다. 퇴근하고 집에 돌아오면 냉동식품으로 겨우 끼니를 때우고, 잠자기 전까지 TV 앞에 앉아 있기 일쑤다. 사실 그 시간에는 그렇게 앉아 있을 여력밖에는 아무것도 남아 있지 않다. 급기야 L은 먹는 것으로 위안을 삼기 시작했다. 그러자 몸은 갈수록 비대해져 불쾌한 지경에까지 이르렀다. 그녀에게 음식은 가장 신뢰할 만한 우울증 해독제였고, 유일한 기쁨의 원천이 되고 말았다.

너무 우울한 결말인가? 잠깐! 여기서 끝이 아니다. 그녀의 이야기는 해피엔딩이다. 마침내 그녀는 소파를 떨치고 일어섰다. 그리고 다시 대학에 들어가 심리학 강의를 듣기 시작했다. 나의 제자가 된 그녀는 식사와 운동 그리고 기분이 어떤 상호작용을 하는지를 배우게 되었다. 마지막으로 그녀와 대화를 나누었을 때, 그녀는 헬스 클럽에 재등록을 했고, 민간 환경단체인 시에라 클럽(Sierra Club)에 가입해서 장거리 도보 여행도 자주 다니고 있다고 했다. 몸무게가 줄어든 것은 물론, 그녀의 낙천적인 성격도 모두 되살아났다.

갈수록 더 우울해지는 사람들

L뿐만 아니라 많은 사람들이 지속적인 스트레스를 방치함으로써 우울증을 심화시킨다. 그런데 L이 안고 있는 문제나 비슷한 일들이 건강하고 활력이 넘치는 사람에게 벌어진다면 어떻게 될까? 분명 그렇게 심각한 영향을 미치지는 않을 것이다. 우울증이 얼마나 심각한 질병이며, 또 왜 그렇게 급속도로 증가하는지 그 이유가 여기에 있다.

1980년대 초 국립정신보건원이 2만 명의 미국인을 대상으로 실시한 연구에서 성인의 3.7퍼센트가 1년 전에 심각한 정도의 우울한 일을 겪었으며, 6.4퍼센트가 과거 어느 시점에 그런 일을 겪었다고 대답했다. 10년 후 같은 질문에 대해 1년 전에 우울한 일을 겪은 사람은 10.3퍼센트, 과거에 겪은 사람은 17.1퍼센트로 각각 거의 세 배나 증가했다. 10년 사이에 심각한 수준의 우울한 일이 세 배나 늘었다면, 경미한 수준의 우울한 일은 그보다 훨씬 더 늘어났을 가능성이 높다. 이를테면 이따금씩 우울해진다거나 고질적인 피로감까지는 아니더라도 자주 기운이 없다면, 이 역시도 우울증의 일종이다. 그런데 이런 경미한 수준의 우울증도 나쁜 식습관과 비만을 유발하는 요인이 된다.

한편 긴장감과 관련된 장애, 이를테면 공황발작과 같은 장애도 늘어나고 있다. 우울증이 증가한 10년 동안, 이런 장애들 역시 0.9퍼센트에서 2.3퍼센트로 증가했다. 실제로 1990년대의 한 연구에서는 성인 여섯 명 중 한 명, 즉 17.2퍼센트가 과거 1년 안에 불안장애를 경험한 것으로 응답했다. 부정적인 기분의 또 다른 지표 중 하나인 약물 남용도 같은 기간 동안 상대적으로 증가한 것으로 나타났다. 여성의 경우 우울증을 더 많이 경험했고, 남성은 약물 남용 증세를 더 많이 보였다.

이런 심리적 문제들은 성인에게만 국한되지 않는다. 최근 언론에서는 유년기 아동들의 정신질환이 증가하고 있다는 보도가 심심치 않게 들린다. 이런 경향은 적어도 지난 20년 사이 더욱 두드러졌다. 예일대 의학대학원이 1995년과 1999년 사이에 실시한 연구에 따르면, 14살에서 15살 사이의 청소년 59퍼센트가 우울증과 폭력성, 약물 복용과 자살기도 그리고 급격한 행동 변화를 겪었다고 시인했다. 1996년 미국 소아학회가 전국의 어린이 수천 명을 대상으로 실시한 광범위한 조사에서 어린이 다섯 명 가운데 한 명이 심리적 혹은 행동상의 장애를 가지고 있다는 우려스러운 결과도 드러났다. 이것은 20년 전보다 두 배나 증가한 수치다. 일부에서는 이런 증상에 대한 인식이 커지고 의사들의 보고가 늘어났기 때문이라고 주장하지만, 연구원들은 특별한 주의를 기울여 그런 가능성을 면밀히 검토했으며, 그런 주장에 가능성이 없음을 발견했다. 원로 의사들도 이런 증상에 대해서는 인식을 같이 하고 있기 때문이다.

모든 미국인을 대상으로 한 표본 조사에서도 우울증과 이와 관련한 장애가 증가하는 경향은 뚜렷하게 나타난다. 1989년 〈로스앤젤레스 타임스〉가 실시한 여론조사를 보면, 응답자의 9퍼센트가 '상당히 자주' 또는 '매우 빈번하게' 우울해진다고 대답했다. 하지만 1996년 같은 조사에서는 15퍼센트의 응답자들이 일주일에 한 번 매우 우울하다고 응답했고, 한 달에 한 번 심각한 우울증을 겪는다고 답한 사람도 14퍼센트에 달했다. 1999년 전국적인 조사에서는 성인 여성 가운데 21퍼센트의 응답자들이 우울증과 불안장애를 가지고 있다고 대답했다. 무엇보다 같은 조사에서 15퍼센트의 여성이 항우울제를 복용하고 있으며, 17퍼센트의 여성들은 약물 복용을 고려하고 있다고 대답했다. 우울증을 겪는 사람들 중 항우울제를 복용중인 사람은 일부라고 추정되므로 실제로 우울증을 앓는 사람의 수는 더욱 많을 것이다. 어쨌든 우울증과 기타 심리적 문제들의 증가가 우려할 만한 수준이라는 점은 분명하다. 그렇기 때문에 더더욱 기분에 대한 이해와 조절법 등에 대한 구체적인 방안과 활용이 필요하다.

Good Mood

우울하면 더 많이 먹는다

수많은 과학적 연구에 따르면, 사람들은 과식을 하기 전에 한결같이 우울증, 불안, 분노, 권태, 외로움과 같은 부정적인 기분을 느낀다고 한다. 이러한 부정적인 기분들이 활력을 떨어뜨리고 긴장감을 높이기 때문이다. 사람들은 이런 기분이 들 때마다 음식으로 기분을 전환하고 싶어하며, 이런 식의 자기조절이 곧 과식을 불러오는 것이다.

03

기분이 나쁘면 감기도 잘 걸린다

: 기분과 질병

A는 나와 같은 헬스클럽에 다니는 70세의 남자다. 그러나 사람들은 그를 50대 정도로 생각한다. 모두가 그를 좋아한다. 그는 언제 봐도 활기차고 자신만의 평정심을 유지한다. 참고로 말하자면, 그는 전혀 비만이 아니다. 어느 날 헬스클럽의 사이클에 앉아 혼자 운동을 하고 있는 그를 보고 인사를 건넸다. 항상 사교적이던 평소 그의 태도와는 약간 달라보였다. 그는 이틀 동안 지독한 감기를 앓느라 기력이 완전히 다 빠진 것 같고, 게다가 집에만 누워 있으려니 더 늘어질 것 같아서 마음을 다잡고 운동을 하러 나왔노라고 말했다. 그가 혼자서 운동을 한다는 것도 이례적인 일이지만, 그것은 그가 그만큼 활력이 떨어졌다는 증거이기도 했다.

감기로 인해 기력이 눈에 띄게 떨어진 것은 일반적으로 몸이 아플 때 나타나는 공통적인 현상이다. 병에 걸리면 우리는 드러눕고만 싶다. 기력이 없기 때문에 눕는 것 말고는 달리 할 수 있는 게 없기 때문이다.

건강상태와 기분과의 관계

몸이 아플 때만큼 기분과 몸 사이의 관계가 더 뚜렷하게 나타나는 경우도 드물다. 의사들은 병원을 찾는 환자들 대부분이 말하는 '주요 호소 증상'이 활력 저하와 피로감이라는 사실을 알고 있다. 이런 사실은 보스턴의 의료 시설을 찾은 500명의 환자들을 대상으로 한 연구에서도 명확하게 드러났다. 37명의 환자들이 의료 기관을 찾기 몇 달 전부터 극심한 피로를 느꼈다고 대답했다. 즉, 활력 저하는 일반적인 질병을 사전에 알려주는 일종의 민감한 경보기라고 할 수 있다.

활력의 수준과 신체적, 심리적 질병과의 관계는 예일 대학의 제인 딕슨과 그녀의 동료들이 수석간호사들을 대상으로 한 연구에서도 뚜렷하게 나타났다. 310명의 간호사들은 광범위한 자기평가를 통해 연구 당시뿐 아니라 이전 수십 년 동안의 건강 상태를 기록했다. 간호사라는 직업의 특성상 그들은 건강에 대해 매우 정확한 평가를 했다. 신체적 건강과 심리적 건강에 있어서 가장 뚜렷한 예측 변수는 바로 활력 수준이었다. 그들은 비교적 더 건강했을 때는 활력이 높았고, 질병을 앓거나 아팠을 때는 활력이 낮았다. 이처럼 기분은 단순히 육체와 분리된 감정의 차원을 넘어선다. 즉, 전체적인 몸과 마음의 조화로운 상태를 측정하는 훌륭한 기준이다.

기분과 질병의 관계는 보통 감기에 대한 민감성 연구에서도 확연하게 드러났다. 한 연구에서는 참가자로 자원한 394명의 건강한 사람들을 특정한 의료 시설로 데리고 가서 코감기 바이러스 또는 플라세보 효과를 낼 만한 속임약을 코에 직접 주입했다. 그리고 실제 감기에 걸린 사람과 걸리지 않은 사람을 조사했다. 그런데 흥미롭게도 진짜 감기 바이러스를 주입한 참가자들 중 38퍼센트만이 감기에 걸렸다.

어떤 사람이 감기에 걸리느냐 마느냐를 결정하는 가장 뚜렷한 예측 변수가 바로 '기분'이었다. 참가자들 중 약물을 주입할 당시, 또는 바로 직전에 기분이 나빴던 사람들이 감기에 걸릴 확률이 더 높았다(바로 옆에 감기에 걸려 코를 훌쩍거리며 재채기를 해대는 사람이 있더라도 불안해할 필요는 없다. 바이러스 범벅인 옆 사람의 침이 곧바로 당신의 콧속에 떨어진다 해도 감기에 걸리지 않는다. 단, 기분이 가라앉은 상태이거나 최근 며칠 동안 부정적인 기분에 사로잡혀 있었다면 특별히 조심해야 한다. 그만큼 기분은 질병의 면역력에도 영향을 미친다).

일반적으로 기분과 관련이 있는 또 다른 심각한 병은 두통이다. 성인의 3분의 1 이상이 두통을 앓는다고 추정되는데, 여기에도 기분이 중요한 예측 변수로 작용한다. 단발적으로 일어나는 긴장성 두통에 관한 연구에서 2주 연속 환자들의 기분을 측정했는데, 긴장자극의 수준이 두통의 예측 변수라는 사실이 명확하게 드러났다. 다시 말해 두통을 자주 경험하는 사람들은 대조군에 비해 긴장감이 두드러지게 높았으며, 심지어 두통을 앓지 않을 때도 상당한 수준의 긴장감을 느끼고 있었다. 어쨌든 두통 환자들에게 있어서 '긴장'과 '피로'는 매우 중요한 변수임에 분명하다.

부정적인 기분은 면역력을 떨어뜨린다

기분이 건강에 미치는 영향은 또 있다. 전염성 질병들은 우리 몸의 면역계의 변화에 따라 감염 여부가 결정된다. 그리고 우리의 면역계는 기분이 그러하듯이 쉴 새 없이 변한다. 무엇보다 면역계가 잘 작동하는지를 예측하려면 기분이 어떤가를 판단하면 된다. 이런 관계가 생각과 달리 놀라울 만큼 밀접하다는 사실은 여러 연구에서도 입증된 바 있다. 뉴욕 주립대학의 의과 대학생들이 8주 동안 자신들의 면역계와 기분을 매일 같은 시간에 측정했다. 조사 결과, 부정적인 기분을 느낀 날 면역계의 반응이 낮았고, 긍정적인 기분을 느낀 날에는 면역계의 반응도 높았다.

최근에 백혈구의 일종인 자연살해세포(NK cell)의 활동성에 관한 연구에서도 기분이 긍정적이냐 부정적이냐에 따라 이 면역 세포의 기능을 예측할 수 있다는 결과가 보고되었다. 우리의 기분이 좋을 때, 몸속의 자연살해세포들이 혈류를 타고 온몸을 순환하며 질병을 일으키는 침략자들을 모두 격파하는 걸 상상해보라. 그런데도 여전히 기분이 나쁘다고 짜증을 내며 주저앉아 있겠는가. 나쁜 기분을 좋은 기분으로 전환하기 위해서 우리는 무엇이든 해야만 한다. 몸이 아프면 기분도 아프듯, 기분이 좋아지면 몸도 좋아진다. 이 점을 잊지 않아야 한다.

Good Mood

주로 밤에 더 먹는 이유

야식 증후군이 있는 사람들은 하루 식사량의 반 혹은 그 이상을 밤에 섭취한다. 그 결과 불면증을 자주 경험하고 숙면을 취하지 못하며 자다가도 자주 깬다. 반면 아침에는 상대적으로 적게 먹는다. 몇몇 연구들에서 야식 증후군에 영향을 미치는 요인으로 스트레스와 저녁 시간의 긴장감을 꼽았다. 당연히 야식을 하는 한, 좋은 기분을 유지하기는 어렵다.

04

더 많이 일하고 더 적게 자는 게 과연 좋을까?
: 기분과 수면시간

　현대인들은 10년 전에 비해 확실히 잠을 덜 잔다. 마치 서로 덜 자기 내기라도 하듯, 부족한 수면 시간을 자랑한다. 그 결과 사고율이 엄청나게 증가하고 일의 효율이 떨어지는 것은 두말할 것도 없다. 하지만 수면 박탈로 인한 또 다른 폐해는 부정적인 기분이다. 활력과 기분의 밀접한 관계를 생각하면 이런 효과가 일어나는 것은 당연하다. 게다가 잠은 활력에 영향을 미치는 중요한 요인 중 하나다. 저명한 수면 과학자인 스탠포드 대학의 윌리엄 드멘트와 코넬 대학의 제임스 마스는 최근 출판한 저서에서 수면 부족으로 기분이 악화될 수 있다는 데 전적으로 동의했다. 수면 박탈에 관한 연구를 검토하면서 드멘트는 다음과 같은 결론을 내렸다.

　"눈에 보이지는 않지만 수면 박탈은 평균적으로 건강한 사람의 기분에도 잠재적으로 엄청난 문제를 야기할 수 있다. 수면 박탈에 관한 연구의 한결같은 결과는, 수면을 박탈당한 실험 참가자들이 대조군에 비해 더 짜증을 잘 내고 불안해하며 우울감에 빠지기 쉽다는 것이다."

하루 7, 8시간 충분히 자야 한다

펜실베이니아 대학의 데이비드 딩구스와 그의 동료들은 수면과 기분의 관계를 증명하기 위해 건강한 젊은이들을 면밀히 조사했다. 참가자들은 7일 연속 4시간에서 5시간 이내로만 수면을 취했는데, 그 중 33퍼센트의 참가자들은 평소보다 수면 시간이 적었다. 이처럼 단기간에 만들어진 수면 패턴은 만성적으로 스트레스성 수면 부족에 시달리는 사람들이 겪는 것과는 다르다. 딩구스는 이런 수면 박탈로 인해 피로와 긴장감, 집중력 분산과 정신적 탈진 그리고 스트레스가 누적 효과로 나타난다는 사실을 입증했다. 수면 부족의 누적 효과로 인해 참가자들은 낮 시간에도 조는 경우가 많았고, 7일 동안의 수면 박탈 실험이 끝난 후에는 이틀을 내리 곯아떨어졌.

그러면 우리에게는 실제로 잠이 얼마나 필요할까? 몇 년 전, 전 세계의 탁월한 수면 과학자들로 구성된 미국의 수면장애연구위원회는 미국인들이 심각한 수면 부족으로 낮 동안에도 조는 위험을 늘 안고 있다고 보고했다. 또한 수면 박탈로 인한 위험을 피하려면 성인의 경우 적어도 7시간 정도의 야간 수면을 취해야 하며, 개인에 따라 8시간 이상의 수면을 필요로 하는 경우도 있다고 발표했다. 그러나 현실적으로 일반 사람들의 야간 수면 시간은 7시간에 훨씬 못 미치고 있다. 그 결과 일상적으로 수면 박탈을 경험하며 더불어 부정적인 기분의 효과를 안고 살아가는 셈이다.

한 강의에서 나는 학생들에게 몇 주에 걸쳐 스트레스 보고서를 만들게 했다. 학생들은 전날의 수면 시간과 같은 다양한 변수들의 영향과 매일의 기분을 기록했다. 보고서를 종합해보면, 수면 부족은 기분에 큰 영향을 미치며 그 후속으로 스트레스 증가와 같은 여러 가지 부정적인 결과들을 야기했다. 수면 부족의 효과는 미묘하지만 궁극적으로는 매우 심각했다.

일단 스스로를 주의 깊게 관찰해보면 수면과 기분의 관계가 명백하게 드러난다. 하지만 많은 사람들, 어쩌면 대부분의 사람들이 수면 부족의 효과를 제대로 감지하지 못한다. 기분이 나빠지고 과식으로 자기조절을 하려는 경향이 있어도 이를 수면 부족과 연결하지 못하는 것이다. 심지어 운동을 하겠다는 결심이 무너지는 것도 수면 부족이 원인이라고는 생각하지 못한다.

왜 잠자는 것을 아까워하는 걸까?

놀랍게도 많은 사람들이 잠의 영향력을 간과한다. 마치 잠을 단발적인 활동처럼 '소모적'인 것으로 치부한다. 최근 한 강연 중에 한 젊은 남자가 내게 이렇게 물었다. "혹시 잠을 덜 자는 방법이 있을

까요? 잠자는 시간을 낭비하고 싶지 않거든요. 전 잠을 거의 안 잔 토머스 에디슨처럼 되고 싶습니다."

그 젊은 남자는 잠을 대수롭지 않은 행위로 치부하는 전형적인 사람 같았다. 빡빡한 일정에 따라 움직이는 사람들은 잠을 덜 자는 것보다 외려 더 많이 자야 기분을 상승시킬 수 있다는 사실을 전혀 깨닫지 못한다. 나는 그 젊은 남자에게 이렇게 대답했다.

"에디슨은 사실 낮잠을 자주 그리고 길게 즐긴 사람으로 알려져 있지요. 열정적인 일벌레의 본보기를 찾는 거라면 알베르트 아인슈타인을 고려해보세요. 그는 일의 효율을 최고로 높이기 위해 하루 10시간을 잤답니다."

오늘날 수면 부족에 시달리는 많은 사람들이 활력을 다시 보충하기 위해 낮잠을 주로 이용한다. 실제로 세계 여러 나라에서 시에스타(siesta, 낮잠)는 좋은 문화로 자리 잡고 있다. 지금까지 내가 참석한 것 중 가장 즐겁고 생산적인 학회는 스페인에서 열린 학회였다. 논문을 나눠준 뒤 오전과 밤에 자유로운 토론이 이어진 학회였는데, 오후에는 한차례 낮잠 시간을 주거나 오락시간이 있었고 그다음에는 훌륭한 식사가 나왔다. 미국인 참석자들은 이런 스케줄을 별로 잘 활용하지 못했다. 잠이 부족한 사람들에게 낮잠을 자지 않는 이유를 물으면, 대부분이 낮잠을 자면 오히려 활력이 끊기고 몽롱한 상태가 되기 때문이라고 대답한다. 그렇게 생각하는 이유는 아마도 낮잠을 너무 오래 자거나 낮잠을 자는 시간을 잘못 선택했기 때문이다. 최적의 낮잠은 오후 시간에 15분에서 30분 정도 자는 것이다. 아니면 낮잠 후에 활력을 회복할 시간을 미처 갖지 못했기 때문일 수도 있다. 낮잠을 자다가 깨는 것도 어떻게 보면 아침에 일어나는 것과 비슷하다. 위급한 상황이 아닌 한, 의식이 단번에 완전히 깨어날 수는 없다. 어쨌든 낮잠에 관한 수많은 실험 결과, 낮잠에는 실로 우리 몸을 이롭게 하는 훌륭한 점들이 엄청나다는 사실이 증명되었다. "하루 서너 시간 자고 일을 합니다. 그조차도 아까울 따름이죠."
　이제 이런 말은 결코 자랑이 아니다.

Good Mood

잠자는 시간을 아까워하지 마라

잠을 자지 못한 채 24시간만 지나도 우리는 평소보다 공격적이기 쉽다. 육체적 정신적 능력은 급속히 떨어지고 기분이 언짢아지며 긴장상태가 이어진다. 당연히 올바른 판단력도 떨어진다. 잠은 우리의 몸과 마음을 회복시켜주는 중요한 기능을 수행한다. 일하는 시간만 늘리지 말고 잠자는 시간도 충분히 가져야 일의 집중력도 높아질 것이다.

05

피로는 모든 의욕을 꺾어버린다
: 기분과 만성피로

　대부분의 현대인들은 엄청난 스트레스 속에서 탈진할 때까지 일을 한다. 그리고 이런 생활을 당연한 듯 여긴다. 이런 생활 패턴은 식사와 운동에 중요한 영향을 미친다. 이를테면 식사와 같은 기분 조절 방식은 에너지원이 떨어지는 초기 단계에는 더더욱 매력적으로 보인다. 하지만 기진한 상태에 이르면 상황은 완전히 달라진다.
　기진한 상태에서는 아무리 잘 짜놓은 운동 계획도 '그림의 떡'일 뿐이다. 기진맥진하다는 것은 몸의 에너지원이 고갈됨에 따라 점점 더 활력이 떨어지고 긴장감이 증가하는 상태를 말한다. 긴장감이 고조되면서 긴장피로는 더욱 두드러진다. 수면 박탈 실험을 보면 이 변화가 뚜렷하게 나타난다. 2, 3일간 잠을 전혀 못 잔 피험자들은 점점 더 짜증을 자주 낸다. 하룻밤을 꼬박 지새기라도 하면 누구라도 짜증이 늘어나기 마련이다. 활력이 떨어지면서 긴장감과 피로감이 점점 더 상승하기 때문인데, 일정 수준이 되면 긴장감이 줄어들기 시작한다.

수면을 박탈당한 피험자들을 체계적으로 관찰하면, 처음에는 짜증이 늘어나지만 수면 박탈 시간이 길어질수록 활력이 매우 낮게 떨어지고(피로감은 증가) 짜증도 서서히 무반응의 상태로 바뀌어간다. 다시 말해 사람들이 극도로 피곤하면 오히려 긴장감이 줄어들거나 사라진 것처럼 보이는데, 이는 탈진했기 때문이다. 탈진한 상태에서 긴장피로는 일종의 평온피로로 바뀐다.

수시로 자신의 긴장상태를 관찰한다

탈진과 더불어 긴장감이 감소하면 생물학적 이점도 있다. 긴장자극은 일종의 경고 시스템으로서 잠정적 위험에 대해 경계를 유지하게 만드는 좋은 자극이다. 여러 가지 형태가 있지만 그 중에서도 깨어 있는 상태를 의미한다. 잠자는 동물이 포식자의 먹이가 되기 쉬운 것도 긴장자극이 줄어들어 경고 시스템이 꺼졌기 때문이다. 이렇게 긴장감으로 인한 불면증은 어느 정도 수준까지는 생물학적으로 유리하게 작용한다. 그러나 긴장이 고조되어 불면증이 심해지면 신체 기능이 고장 나고 결국 죽음에 이르게 된다. 따라서 회복을 위해 휴식과 잠은 반드시 필요하고 그러기 위해서는 긴장감을 줄여야만 한다.

신체의 기능적인 면에서 두 가지 종류의 탈진을 살펴보자. 하나는 격심한 육체적 압박 후에 찾아오는 탈진이다. 이런 탈진은 에너지원을 소진시키고 근육을 무반응 상태로 만든다. 또 하나의 탈진은 극도로 엄청난 스트레스를 받거나 지나친 수면 부족으로 발생한다. 이런 탈진은 격한 운동으로 인한 탈진과 달리 근육에 영향을 미치지는 않지만, 그럼에도 불구하고 몹시 지치고 녹초가 된 것 같은 기분을 느낀다. 이 두 가지 탈진의 원인은 각각 다르지만 기분 반응은 매우 흡사하다.

탈진, 에너지가 바닥난 상태

배낭여행이나 도보여행을 경험해본 사람들은 고된 하루의 여정을 끝냈을 때 느끼는 탈진을 잘 알 것이다. 뱀에 대한 두려움 때문에 여행 초반에는 지렁이만 봐도 기겁을 하던 나의 한 동료는 녹초가 될 정도로 고된 도보여행이 끝날 즈음에는 뱀은커녕 이무기가 나와도 눈도 꿈쩍 하지 않을 정도로 무뎌졌다. 또 다른 여행자는 음식에 낀 벌레 몇 마리를 무심코 먹어버리고 말았다는 사실을 알고도 그저 단백질을 조금 더 먹었을 뿐이라며 전혀 당황해하지 않았다. 에너지원이 바닥나고 긴장자극이 매우 낮아지면 얼마든지 벌어질 수 있는 일이다.

부담스러울 정도의 육체적 압박은 활력을 아주 낮은 수준까지 떨어뜨리고 평온피로가 엄습할 정도로 긴장감을 감소시킨다. 극도의 긴장감을 유발하는 상황이 아닌 이상 무반응의 상태가 된다. 이럴 때는 활력과 긴장의 역동적 상호작용을 더욱 분명하게 경험한다. 탈진과 함께 찾아오는 평온피로는 꽤 즐거운 상태다. 평상시의 고민거리들이 시답지 않게 보이고, 불안감도 사라지며 휴식과 잠도 달게 느껴진다.

스트레스와 지나친 수면 부족으로 인한 탈진은 긴 하루가 끝날 무렵 격한 운동을 했을 때와 똑같은 기분 효과를 낸다. 온종일 일에 파묻혀 있거나 잠잘 시간까지 줄여가며 일을 하고 난 후 기절하듯 침대에 누워버린 경험이 있을 것이다. 이 상태는 평온피로가 몰려오므로 나른하고 편안하다. 하지만 침대에 누워버리기 전, 특히 하루의 활력이 낮은 시간대에는 긴장피로의 상태일 가능성이 더 크다. 이 상태는 결코 즐겁고 나른한 상태가 아니다.

탈진했을 때 기분과 감정을 조절할 수 있는 첫 번째 방법은 잠이나 휴식이다. 하지만 탈진하기 전 단계인 긴장피로 상태에서는 다른 해결책, 특히 음식을 통해 조절할 가능성이 크다. 온몸의 기력이 다 소진된 느낌 때문에 감히 운동을 선택할 엄두 따위는 내지 못하는 것이다. 신체의 에너지원이 고갈된 원인이 스트레스 때문인 경우라면 지극히 당연한 반응이다.

에너지원이 바닥나면서 활력이 떨어지면 운동을 하려는 의욕이 줄어들고 먹으려는 충동만이 강해진다. 그러나 탈진이 시작되면 꼼짝도 하기 싫고 운동도 기피하고 싶을 뿐 아니라 먹는 것에 대한 관심도 일시적으로 줄어든다. 하지만 탈진했을 때도 일정 수준까지는 몸을 회복하는 것이 시급하다. 어떤 세계적인 마라톤 선수는 코스를 완주한 직후에는 한마디 말도 하지 않고, 그 어떤 것에도 반응하지 않은 채 아주 천천히 몸을 움직인다고 한다. 그렇게 해서 몸이 약간 회복되고 나면 그때서야 걸신들린 것처럼 배가 고프다고 한다. 육체적으로 탈진한 상태에서는 일단 몸을 회복하기 위해 안간힘을 쓴다. 그러나 이런 경우에도 신호를 보내는 건 다름 아닌 '기분'이다. 따라서 탈진과 탈진이 있기 전의 상태를 이해하면 그 대책에 대해서도 현명한 선택을 내릴 수 있다.

Good Mood

음식은 강력한 피로회복제

음식은 우리에게 즉각적으로 활력을 준다. 간단한 예로 피곤할 때 운전을 했던 경험을 떠올려보라. 그럴 때, 간식을 먹으면 정신이 약간 맑아진다. 효과가 오래 가진 않지만, 간식이 기분을 환기시켜주는 것은 사실이다. 이처럼 음식을 먹고 나서 기분이 좋아진 이유는 음식이 활력을 높여주었기 때문이다.

Mood Cafe

스트레스 일지 쓰기

스트레스가 늘어나는 것은 이제 새삼스러운 일도 아니다. 스트레스를 느낀다는 것 자체가 자연스러운 일상이 되었다. 그러나 이런 사실을 알든 모르든 우리는 스트레스에 반응한다. 나쁜 식습관과 과도한 고칼로리 식품 섭취로 스트레스를 조절할 수 있다고 믿는 것이다. 적어도 자신이 받고 있는 스트레스를 보다 효과적으로 관리하기 위해서 스트레스를 규칙적으로 측정해 기록해보는 것은 어떨까.

그럼 일단 한번 시작해보자. 우선 스트레스를 측정할 때는 시간을 들여 집중하는 것이 중요하며, 더 자주 측정할수록 더 많이 이해할 수 있다는 점을 명심하자. 가뜩이나 시간에 쫓기는 사람이 매시간 스트레스를 기록하려고 하면 외려 스트레스를 가중시킬 수 있다. 매일 시간을 정해서 기록하되, 기록하는 당시의 스트레스가 아니라 바로 전 시간대의 스트레스 수준을 기록한다. 밤에는 너무 피곤해지기 전에 기록하는 것이 좋다. 스트레스의 변화까지 측정한다면 스트레스에 대한 반응을 더 정확하게 이해할 수 있다. 이런 식으로 한 달 또는 그 이상을 관찰하면, 스트레스가 어떻게 변화하는지 그리고 무엇의 영향을 받아 변화가 생기는지 알아차릴 수 있다.

스트레스 일지를 기록하면서 동시에 활력과 긴장감도 측정한다.

그때그때의 활력과 긴장감을 측정하는 것에 비해 정확성이 떨어지긴 하지만, 바로 전 시간대의 기분이 어땠는지 정도는 확인할 수 있다. 특정한 음식에 대한 식욕과 운동에 대한 관심도도 기록한다. 특히 패스트푸드에 관한 식욕을 기록하되, 실제로 먹은 음식뿐 아니라 먹고 싶은 음식도 기록한다. 또 실제로 운동한 시간을 기록하는 것도 중요하지만 운동을 하고 싶은 욕구나 기피하고 싶은 마음도 측정한다. 음식과 운동에 대한 욕구의 정도가 스트레스 변화에 미치는 영향을 수치로 확인하고 나면 아마 놀랄 것이다.

  우리의 식습관은 스트레스에 크게 영향을 받는다. 스트레스를 받는 동안 사람들은 더욱 자주 패스트푸드를 먹는다는 연구 결과가 있다. 단순히 패스트푸드뿐 아니라 고당분, 고지방을 함유한 고칼로리 식품을 자주 섭취한다. 마찬가지로 스트레스 수준이 높을 때는 운동을 지속하기가 어렵다. 이는 시간이 없기 때문이기도 하겠지만, 몸의 에너지원이 고갈되어 운동을 하고 싶은 마음이 들지 않는 이유가 더 크다.

Good Mood 3

운동은 처진 기분도 일으켜 세운다

수많은 연구 결과들이 운동의 효과를 증명한다. 여러 매체들 또한 운동의 놀라운 효능을 알리는 데 적극적이다. 오늘날 운동은 거룩한 성배처럼 여겨진다. 그런데 실제로 우리는 운동을 열심히 하고 있을까? 현대인들의 운동 패턴은 이런 현실을 잘 반영하지 못하고 있다. 이러한 이론과 현실과의 차이는 왜 생기는 것일까? 그 대답은 한마디로 '기분'이다. 우리의 기분이 운동을 할지, 안 할지를 좌우하기 때문이다.

Good Mood

01
운동을 방해하는 것은 무엇일까?

건강에 대한 관심이 날로 뜨거워지면서 운동의 중요성은 그 어느 때보다 높아졌다. 그 영향으로 헬스클럽은 어느 곳이든 회원들로 넘쳐나고, 아침 조깅 인구도 눈에 띄게 많아졌다. 하지만 이렇게 운동을 생활화하는 사람들이 많아지는가 하면, 반면에 운동을 하지 않는 사람들 또한 여전히 많은 것이 현실이다. 그렇다면 운동의 장점을 잘 알면서도 운동을 하지 않는 이유는 무엇일까?

그것은 우리가 너무 바쁘기 때문이다. 운동을 하려면 시간을 투자해야 하는데, 사람들은 체력 관리에 필요한 잠깐의 시간조차 내기 어렵다고 말한다. 시간이 부족하다는 변명에도 일리는 있다. 요즘 사람들은 더 오래 일하고, 더 적게 잔다. 그 결과는 어떤가? 잠을 제대로 못 자면 해야 할 일도 다 못할 정도로 활력이 떨어진다. 부정적인 기분이 되는 것은 두말할 나위도 없고, 긴장감이 상승하는 것도 당연하다. 이른바 '긴장피로' 상태가 되는 것이다. 부정적인 기분을 조절할 요량으로 음식을 먹기로 했다면, 운동을 더하든지 아니면 살이 찌는 것을 감수해야 한다. 물론 이 악순환에 갇히는 것도 피할 수는 없다.

흔히들 기분이 나쁘면 운동도 하기 싫다고 말한다. 부정적인 기분이 들면 정말 운동도 기피하게 될까? 뚱뚱해지지 않으려면 운동을 더 많이 해야 한다고 알고 있지만, 사실 우리의 기분이 운동을 가로막고 있다. 부정적인 기분이 들 때는 필연적으로 활력이 저하되고 극도의 긴장을 느끼게 된다. 그래서 활력이 떨어지면 너무 피곤해서 운동을 할 수 없다. 운동을 하면 피로가 회복되고 활력도 높아진다는 사실은 둘째 문제다. 아예 운동할 마음이 안 생긴다는 것이 중요한 문제다.

우울증으로 인한 운동 기피

35세의 Y는 규칙적으로 운동을 해야 한다는 사실을 잘 알고 있었다. 그녀는 헬스클럽 회원이었고 운동을 위해 이웃에게 일주일에 세 번 아이를 맡길 계획도 가지고 있었다. Y는 그 계획을 비교적 잘 지켰다. 물론 딱 일주일 동안만. 그 다음부터는 우울증도 깊어지고 식이요법도 차츰 실패했다. 우울증이 깊어진다고 느낄수록 Y는 훨씬 더 많은 에너지가 필요했다. 그런 Y가 에너지를 얻는 가장 쉬운 방법은 먹는 것이었다.

Y가 실패한 일들 중 하나는 '규칙적인 운동'이었다. 그녀는 운동이 중요하다는 사실을 알고 있었고 운동을 할 의지도 있었지만, 활력이 저하되자 그런 시도조차 하기 어려웠다. Y는 운동을 건너뛰는 핑계를 열 가지나 대면서 기피하고 있었다. 하지만 그녀가 운동을 하지 않는 진짜 이유는 우울증이었다. 우울증에는 운동이 탁월한 묘약이라는 연구 결과를 보면 Y의 경우는 모순이 아닐 수 없다. 지속적인 활력 저하와 피로감을 벗어나기 위해 Y가 찾은 답은 바로 고칼로리 식품이었다. Y뿐만 아니라 대다수의 사람들에게 먹는 행위는 기분을 좋게 만드는 가장 쉬운 방법이다.

몇 년 전에 나는 대학원생들과 함께 가벼운 우울증을 앓고 있는 여성들을 대상으로 실험을 해본 적이 있다. 참가자들은 몇 번에 걸쳐 우울증을 느낀 횟수를 기록했고, 그다음에는 편한 시간에 가벼운 산책을 하거나 앉아서 할 수 있는 간단한 활동을 하도록 했다. 그리고 산책이나 간단한 활동을 한 후에 다시 한 번 기분을 측정했다. 하지만 대부분의 여성들이 운동으로 우울증이 다소 줄어들었음에도 불구하고 처음 한두 번 실험에 참가하고는 이내 실험을 포기했다. 그 이유가 무엇일까? 한 학생이 그 원인을 정확하게 짚었다.

"교수님도 우울할 때는 너무 힘들어서 운동도 하기 싫잖아요."

학생의 말이 맞았다. 우울증을 진단하는 가장 확실한 지표는 이유도 없이 피곤하고 활력이 떨어지는 현상이다. 이처럼 부정적인 기분에 휩싸여 있을 때 대부분의 사람들이 운동을 멀리하고 있었다.

기분을 전환하기 위해 먹는 것을 선택한 Y의 경우와 고교 시절 때 몸무게를 그대로 유지하고 있는 50대 중반의 의사인 내 친구 스티븐의 경우를 비교해보자. 내 친구 스티븐은 배에 왕(王)자도 새겨져 있고 체지방 비율도 낮은 편이다. 그는 하루에 3킬로미터씩 주 5일 동안 달리기를 한다. 하지만 그가 하는 규칙적인 운동은 이것이 전부가 아니다. 주 3일을 역기 운동을 하고 일주일에 몇 번은 테니스를 친다. 스티븐은 적정한 몸무게를 유지할 뿐 아니라, 항상 긍정적인 기분을 느끼는 것처럼 보인다. 그가 기분을 조절하기 위해 먹는 일은 비교적 드물다. 어쩌면 좋은 유전자를 타고난 행운아일 수도 있지만, 내가 생각하기에는 운동에 대한 그의 집념이 결정적인 열쇠인 것 같다. 외려 운동을 거르는 날이면 스티븐은 기분이 가라앉는다고 한다.

기분을 조절하기 위해 음식을 선택한 Y의 경우를 보자. 그녀는 거의 매일 우울하고 그래서 매일 기분이 나쁘다. 그녀는 과체중이며, 자신의 미래를 그려보아도 현재와 다를 바가 없다. 반면에 스티븐은 웬만해서는 우울한 감정을 느끼지 않는다. 매우 건강하고 늘 컨디션이 좋으며, 과체중이 뭔지도 모른다. 매일 한두 시간씩 운동에 시간을 할애하기 위해 삶의 우선순위를 적절히 안배한다. 물론 운동할 시간을 만들기 위해 그가 포기한 것들도 있다. 하지만 그는 희생보다 훨씬 더 큰 보상을 받았다고 생각한다.

02
매일 10분 걷기가 하루를 바꾼다

운동이 활력을 높여준다는 말이 얼핏 이상하게 들릴 수도 있다. 오히려 운동을 하면 활력이 떨어지지는 않을까? 상식적으로 운동을 하면 피곤해지는 게 정상 아닌가? 얼마든지 이런 의문을 가질 수 있다. 피로에 지친 사람들 혹은 우울증에 빠진 사람들은 운동에 별로 매력을 느끼지 못한다. 왜냐하면 운동을 그저 '고된 일'이라고 생각하기 때문이다. 하지만 적당한 운동이 활력을 불어넣는다는 것은 증명된 사실이다.

그냥 빈둥거리고 있거나 피곤하다는 생각이 들 때, 특히 한 시간 정도 아무 일 없이 앉아 있다면 한번 실험해보라. TV를 보거나 간식이 당기는 저녁시간이면 더 좋다. 우선 자신의 활력 수준에 점수를 매긴다. 일반적으로 가장 활력이 높은 상태를 7점, 활력이 가장 낮은 상태를 1점으로 체크한다. 이제 소파에서 일어나 밖으로 나가 상쾌할 정도의 속도로 산책을 한다. 물론 너무 피곤하면 그 정도 산책도 부담스럽겠지만, 어쨌든 결과를 확인하기 위해서라도 걸어보자. 약속 시간에 늦었을 때 서두르는 정도의 속도로 걷되, 진짜 약속이 아니므로 긴장할 필요는 없다. 호흡이 리드미컬해지고 상당히 깊어질 것이다. 가슴을 펴고 자연스럽게 팔을 흔들며 걷되, 그 이상으로 근육을 긴장시킬 필요는 없다. 그렇게 딱 10분이면 족하다.

그러면 매우 흥미로운 일이 벌어질 것이다. 집을 나선 지 1분쯤 지나면 처음만큼 피곤하지 않다는 느낌이 들 것이다. 활력이 높아지고 있는 것이다. 계속 걸어보자. 10분이 지나면 다시 1점부터 7점까지 활력의 수준을 체크한다. 분명 활력 수준이 높아진 것을 발견할 것이다. 활력 수준이 2점에서 3점으로 높아진 사람도 있을 것이고, 2점에서 5점으로 높아진 사람도 있을 것이다. 단 몇 분 동안의 가벼운 운동으로 활력이 높아진 것이다. 어쩌면 간식을 먹고 싶은 충동도 감소하거나 완전히 없어졌을 수도 있다. 이 간단한 실험을 통해 운동에 대한 자신의 반응을 잘 기록해두면, 기분을 조절하고 싶거나 식사를 조절하고 싶을 때 매우 효과적으로 이용할 수 있다.

걸으면 행복해진다

몇 년 전, 우리 연구팀은 체계적인 연구를 통해 10분 동안 가볍게 빨리 걷기를 한 다음 30분, 60분, 120분 후에 개개인의 활력과 긴장감에 일어난 변화를 측정해보았다. 우리가 얻은 결과는 실로 놀라웠다. 겨우 10분 걷기를 한 다음 60분 동안 활력이 놀라울 정도로 상승한 것이다. 120분 후에도 약하긴 하지만 여전히 놀라운 효과가 있다는 사실이 밝혀졌다. 생각해보라. 가볍고 빠르게 겨우 10분을 걸었는데 한 시간, 길게는 두 시간까지 활력이 상승한 것이다. 참으로 놀라운 효과가 아닌가!

현재는 철저하게 통제된 수많은 과학적 연구들에서 운동과 활력의 상관관계가 증명되고 있다. 일례로 캐나다 컨커디어 대학의 리즈 고뱅과 웨이크 포레스트 대학의 잭 레저스키가 실시한 연구를 살펴보자. 운동과학자인 이들은 보통 키와 평균 몸무게의 여성 93명에게 지역 YMCA에서 운영하는 건강 체조 교실에 11주 동안 등록하게 했다. 참가자들의 평균 연령은 30대 초반이었다.

11주의 프로그램이 끝난 후에도 참가자들은 20분 이상의 육체 활동을 규칙적으로 했다. 헬스클럽에 다니거나 천천히 혹은 빠르게 걷기를 하는 사람도 있었고, 요가를 하는 사람도 있었다. 그리고 활동 전후의 기분을 각자가 엄격하게 평가했다. 이 연구는 참가자들이 자연스러운 일상 환경에서 운동을 하게 함으로써 실험실에서 인위적으로 실시한 운동에 관한 연구들에서 생기는 여러 문제점들을 제거할 수 있었다.

이 단순한 육체 활동의 결과로 기분에서 생긴 가장 큰 변화는, 연구원들의 표현대로 활력을 느끼고 상쾌해지며 체력이 회복되는 등 '활력이 재생'된 것이다. 두 번째 변화는 행복하고 즐거우며 기쁨이 충만해지는 긍정적인 효과다. 이런 기분들은 물론 활력 상승과 긴장감 저하와 관련 있다. 세 번째 변화는 평화로움, 이완, 평온함과 같은 고요함, 즉 긴장감과 정반대의 기분을 느낀다는 점이다.

이 연구는 부정적인 기분의 바탕이며 종종 과식으로 이어지는 긴장피로에 간단한 육체 활동이 어떤 영향을 미치는지 보여주는 훌륭한 사례다. 실험에 참가한 여성들은 가벼운 운동을 통해 불쾌한 피로감과 긴장감에서 긍정적인 기분으로 바뀌는 놀라운 변화를 경험했다. 활력을 재생하고 싶다는 생각이 들면 이 연구 결과를 기억하고 10분만 운동을 해보자. 운동 전후의 기분을 평가해보면, 그 결과에 적잖이 놀랄 것이다.

Good Mood

더 움직이거나 더 적게 먹기

원하는 것을 다 먹고도 살이 안 찌는 사람은 없다. 외모를 중시하는 오늘날, 과체중의 문제는 여성만의 문제가 아니다. 또한 고령화에 따라 육체적 활동은 감소하고 필요한 에너지도 줄어들지만, 매일 먹는 횟수와 식사량에는 변함이 없다. 그 결과, 활동량의 차이로 인한 여분의 열량이 문제다. 이 불균형을 바로잡기 위해서는 두 가지 선택뿐이다. 더 많이 움직이든지 덜 먹어야 한다.

03

즐겁게 하는 운동이 보약이다

　우리의 기분은 시시때때로 활동을 방해하고 급기야 운동에서 점점 더 멀어지게 한다. 그 이유는 간단하다. 자리를 박차고 일어나 움직이고자 하는 결심의 뿌리가 바로 '기분'이기 때문이다. 대부분의 사람들은 운동을 하기 좋은 시간이 되어야 겨우 시작할 생각을 한다. 활력이 떨어지고 약간 우울한 기분이 들기라도 하면 일단 운동은 머릿속에서 존재 자체도 사라져버린다. 이런 감정은 너무 순식간에 무의식적으로 진행되어 어느새 몸도 기분 따라 말을 듣지 않는다. 이 모순을 확인하기 위해 기분이 운동에 관여하는 방식을 살펴보자.

　에바나 시야오와 나는 사람들이 운동을 하는 이유를 알아보기 위해 한 가지 조사를 했다. 규칙적으로 체육관이나 헬스클럽에 다니다 보면 늘 같은 사람들을 만난다. 헉헉거리며 운동을 하는 그들의 모습을 보면 여간 힘들어 보이는 게 아니다. 그럼에도 무엇이 이들을 자극한 것일까?

우리의 연구는, 운동이 부정적인 기분을 줄이고 긍정적인 기분을 상승시켜주는 훌륭한 수단이라면 마땅히 사람들이 운동을 지속할 마음을 가져야 한다는 가정에서 출발했다. 이러한 '긍정 강화'라는 명백한 원칙이 있음에도 어떤 사람들은 왜 운동을 하지 않고 무기력한 상태에 머물러 있는 걸까? 이러한 현실은 이론과 극명한 대조를 보여준다. 우리는 추론하기를, 운동을 통한 기분 상승의 정도에 비해 피곤함으로 인한 운동 기피 욕구가 더 강력하기 때문이라고 생각했다. 운동이 기분을 상승시켜준다는 사실을 깨닫기 위해서는 많은 시간과 경험이 필요하다. 쉽게 말해 고기도 먹어본 사람이 맛을 더 잘 알 듯, 운동을 더 많이 경험한 사람일수록 운동의 기분 조절 효과를 잘 알고 더 적극적으로 운동을 이용한다는 것이다.

이러한 내용을 확인하기 위해 우리는 헬스클럽에 이제 막 등록해서 다니기 시작한 사람들을 대상으로 체계적인 설문조사를 실시했다. 그리고 그들이 운동을 시작하게 된 이유와 운동을 1년 이상 해온 사람들이 운동을 지속하는 이유를 비교했다. 그 결과 운동을 더 많이 한 사람일수록 운동을 통해 '좋은 기분'을 얻기 때문이라고 대답했다. 대부분의 회원들이 날씬해지기 위해 운동을 시작하지만, 해가 거듭될수록 외모에 대한 동기는 오히려 감소했다. 운동을 하는 이유로 기분이 확실히 중요해진 것이다. 운동을 규칙적으로 하는 사람들이 운동을 할 때마다 매번 기분이 좋아지기를 기대하는지는 알 수 없지만, 운동을 하면 할수록 기분이 운동의 동기가 된다는 점은 더 분명히 깨닫고 있었다. 즉 운동 후에 기분이 좋아진다는 사실을 알기 때문에 자리를 박차고 일어서기가 더 쉽다는 것이다.

운동은 꾸준히, 적당히, 즐겁게

실질적으로 어떠한 운동 계획을 세워야 효과가 있는지를 생각해보자. 운동을 시작하도록 스스로를 북돋우기 위해서 혹은 운동을 지속하기 위해서는 먼저 운동을 최우선 순위에 두어야 한다. 운동을 위한 시간을 비워두어야 한다는 뜻이다. 설령 다른 일상들이 비집고 들어와 방해를 할지라도 말이다. 운동을 최우선 순위에 두려면 규칙적인 육체 활동이 건강과 행복에 얼마나 지대한 영향을 끼치는지를 먼저 깨달아야 한다.

그다음에 중요한 점은 운동은 즐거워야 한다는 것이다. 대부분의 운동 유형들이 이 요구 조건을 갖추고는 있지만, 나는 운동을 할 때마다 즐거우려면 '적당'해야 한다고 생각한다. 사람들이 운동하는 모습을 관찰해보면, 특히 처음 시작한 사람들일수록 의욕이 앞서 무리하게 운동하는 모습을 흔히 볼 수 있다. 무리가 될 정도로 지나치게 운동을 하면 당장은 컨디션이 좋아지는 것처럼 느껴질지 모르나, 장기적 관점에서 볼 때 이내 흥미를 잃어버리고 운동을 지속하기가 어려워진다. 운동에서 느끼는 진정한 즐거움은 운동 욕구를 지속시키는 것이다. 그리고 그 즐거움이 즉각적이고 연속적일수록 운동을 꾸준히 할 가능성도 더 커진다.

많은 사람들이 운동을 꾸준히 하기 어렵다고 호소한다. 하지만 운동이 습관처럼 길들여지면 일상생활에 없어서는 안 될 중요한 요소가 된다. 순간적인 기쁨과 단시간에 좋은 몸매를 유지하고 싶다는 초조함은 잠시 내려놓아도 좋다. 자신에게 맞는 적당한 운동 계획을 세우고 그에 따라 서서히 운동량을 늘리면, 얼마든지 좋은 컨디션을 유지할 수 있고, 무엇보다 운동을 지속하려는 욕구가 늘어난다. 물론 원하는 몸매를 만드는 데 세 배 정도의 시간이 더 걸리겠지만 중도에 포기하는 일은 거의 없을 것이다. 언제나 운동은 반드시 재미있고 즐거워야 한다는 규칙을 잊어서는 안 된다.

마지막으로 너무 지치거나 우울해서 운동을 할 수 없다는 생각이 들면 운동을 기피하게 된다. 이 함정을 극복하려면 운동 후에 얼마나 기분이 좋아지는지를 제대로 알아야 하고, 겉으로는 마지못해 하는 것처럼 보여도 마음속으로는 운동을 지속하겠다는 결심이 있어야 한다. 자기 자신을 슬쩍 속이는 것도 좋은 방법이다. 이를테면 빠른 속도로 30분 동안 걸어야겠다고 작정하지 말고, 그냥 밖으로 나가 천천히 모퉁이만 돌고 들어오자고 생각하는 것이다. 천천히 걷는 것으로 활력이 조금 상승하면 모퉁이를 돌 때쯤에는 이미 다음 골목까지도 걷고 싶은 욕구가 자연스레 생겨날 것이다. 어쨌거나 우리의 몸은 조금 더 활력을 내겠다고 마음을 먹으면 기특하게도 그 결심을 잘 따라주는 편이다. 기분과 생각이 서로 작용하기 때문이다.

04
운동이 당신의 몸속을 청소한다

2월의 어느 날 오후, 나는 친구와 집 근처 샌디에이고 주립공원에 있는 작은 산에 오르기로 했다. 아직 꽤 추운 날씨였지만, 산을 오르면서 우리는 재킷을 벗었다. 그다음에는 두꺼운 스웨터마저 벗은 채 얇은 티셔츠 차림으로 산에 올랐다. 90미터 가량 오르자 공기는 여전히 차가웠지만 우리는 땀을 흘리고 있었다. 우리 몸이 만든 자연스러운 에너지로 인해 열이 발생했다는 증거였다.

몸속을 들여다볼 수 있다면, 우리는 산을 오르는 동안 그 안에서 일어나는 신비하고도 놀라운 생리학적 변화들을 목격했을 것이다. 산을 오르기 시작하면 우리 몸속의 포도당은 효율적으로 분해되어 ATP(adenosine triphosphate)라고 하는 화학 물질의 형태로 에너지가 방출된다. 그리하여 대사 활동이 증가한다. 즉, 근육과 그 밖의 조직에 있는 미토콘드리아라고 하는 '에너지 공장'이 활성화되는 것이다. 비단 세포 수준에서만 변화가 일어나는 것은 아니다. 우리 몸의 복잡한 기관들 곳곳에서 변화가 일어나기 시작한다.

등산을 하면 심장 박동이 빨라지고 혈압도 상승한다. 온몸의 산소 순환이 빨라지기 때문에 호흡도 가빠진다. 코티솔과 아드레날린 같은 다양한 호르몬들이 혈액 속으로 미량 침투하고, 우리 뇌의 특정 부분에는 노르에피네프린과 세로토닌 같은 신경전달물질과 신경조절물질의 농도가 높아진다. 우리 몸 전체의 자극 패턴으로 에너지가 생성되는 것이다. 나와 내 친구가 경험한 활력은 이러한 전반적인 신체적 자극의 변화들과 함께 증가한 것이다.

이처럼 활력이 느껴진다는 것은 복잡한 신경생리학적 시스템의 최상위층에 해당한다고 볼 수 있다. 전반적인 신체적 자극이 증가할수록 활력도 증가한다. 물론 활력이 증가하는 데 결정적인 영향을 미치는 특정한 생리학적 변화들이 있겠지만, 그것이 정확히 무엇인지는 아직까지 알려져 있지 않다.

현재 우리의 과학적 수준에서는 활력이 증가하는 것은 전반적인 신체 자극의 복잡한 패턴의 일부로 여겨지고 있다. 따라서 활력은 대사량 증가, 심박수와 혈당 수치 상승 등의 생리적 반응을 수반하는 주관적인 느낌이라고 할 수 있다.

운동의 강도를 어떻게 조절할까?

10분 동안 빠르게 걷기를 한 후 참가자들의 활력이 두 시간 가까이 상승했던 실험을 생각해보자. 그 실험에서 우리가 발견한 또 한 가지의 변화는 참가자들의 긴장감이 감소했다는 점이다. 하지만 긴장감 감소는 활력이 상승한 폭만큼 정도가 심하지 않았다. 적당한 수준의 운동을 했을 때, 긴장감이 감소하는 것은 2차적인 효과로 일어날 뿐이었다. 몇 가지 연구에서도 적당한 운동이 가끔 긴장감을 줄여주긴 하지만, 늘 그런 것은 아니라는 사실이 밝혀졌다.

그렇다면 조금 더 강도 높은 운동을 하면 어떨까? 장기간에 걸친 강도 높은 운동은 활력을 상승시키지 못한다. 적어도 운동 직후에는 그렇다. 그런 운동은 몸의 에너지를 소진시키며 체력이 바닥난 것 같은 기분이 들게 한다. 예를 들어 운동을 해본 적이 없는 한 남자가 1.5킬로미터 정도를 달렸다고 생각해보자. 달리기를 한 다음 그 남자의 기분은 어떠할까? 아마도 기운이 빠져 녹초가 된 것처럼 느껴질 것이다. 하지만 달리기 전에 그 남자가 느꼈을 긴장감이나 불안함은 어느 정도 감소했을 것이다. 즉, 적당한 운동이 기분에 미치는 첫 번째 효과는 활력이 상승하는 것이지만, 강도 높은 운동이 미치는 첫 번째 효과는 긴장감이 감소하는 것이다.

텍사스 에이앤엠 대학의 운동과학자 니콜라스 프롱크와 그의 동료들은 한 가지 실험을 통해 이를 증명했다. 평균 연령이 마흔다섯 살인 22명의 여성에게 러닝머신 위에서 시속 약 5킬로미터의 속도로 걷게 한 뒤 3분마다 2.5퍼센트씩 속도를 높여보았다. 이 정도의 운동량은 사실 부담스러운 양이다. 실제로 참가자들 대부분이 얼마 뛰지 못하고 포기를 선언했다. 평균적으로 22분 만에 운동을 중단했다.

연구자들은 각각의 참가자들에게 달리기를 시작하기 전과 달리기를 마치자마자 일어난 기분의 변화를 기록하게 했다. 예상한 대로 연구자들이 발견한 가장 큰 변화는 기운이 빠지고 활력이 저하되면서 피로감이 상승한다는 점이었다. 하지만 긴장감과 불안감은 현저히 감소했다. 이 연구의 참가자들은 굉장히 고된 운동을 했다. 헬스클럽에서 땀을 뻘뻘 흘릴 정도로 운동을 하고 나면 누구나 느끼듯이 참가자들은 완전히 기진맥진했다. 하지만 긴장감은 눈에 띄게 줄어들었다.

이런 긴장감 감소는 나의 실험에 참여했던 학생들이 격한 운동을 하고 난 다음에 경험한 것과 정확히 일치했다. 실제로 나 스스로도 그런 경험을 했지만, 모든 연구들이 이를 뒷받침하지는 않는다. 한 예로 저명한 영국의 과학자 앤드류 스텝토는 적당한 운동은 활력을 증진시키지만, 격한 운동은 실제로 긴장감을 증폭시킨다는 사실을 발견했다.

이런 차이가 발생하는 원인은 무엇일까? 그 비밀은 인디애나 대학의 존 라글린 교수와 그 동료들이 실시한 한 연구에서 밝혀졌다. 격한 운동을 하면 일시적으로 불안감이 증가할 수도 있지만, 몇 분이 지나고 나면 불안감이 감소하여 낮은 수준을 유지한다. 이 실험의 참가자들은 최대 산소섭취량의 70퍼센트에서 20분 동안 헬스 사이클 페달을 밟았다. 최대 산소섭취량은 최대심박수로 볼 수 있는데, 이 정도 수준에서 20분 동안 헬스 사이클을 타면 운동량이 꽤 많다고 볼 수 있다. 최대 산소섭취량의 40퍼센트 정도의 가벼운 운동과 60퍼센트 정도의 적당한 운동도 대조군으로 실시했다.

운동이 주는 평온함

참가자들이 자가진단한 불안감의 수준을 체계적으로 분석한 결과, 가장 격한 운동을 마친 후 5분 동안 불안감이 확연히 증가했지만, 한 시간 후에는 현저하게 감소했다. 그리고 감소한 수준은 두 시간가량 지속되었다. 가볍게 운동한 그룹과 적당히 운동한 그룹에서는 운동을 마친 후 처음 5분간 불안감이 현저히 줄어들었고, 이들 역시 두 시간 동안 낮은 수준을 유지했다. 이 연구의 결과로 보면, 격한 운동을 한 직후 단기간 동안에는 긴장감이 증가하는 반면, 몇 분 안에 불안감은 사라지고 한동안 낮은 수준을 유지한다.

그렇다면 위의 연구 결과들을 이용하여 기분을 조절하는 방법을 생각해보자. 기분이 푹 가라앉았을 때라도 한바탕 에너지를 쏟아 부을 여력이 된다면, 단시간 빠르게 걷기가 효과적일 것이다. 하지만 온종일 스트레스에 시달리고 긴장감을 느꼈다면, 헬스클럽으로 달려가 격한 운동을 하라는 신호로 보아야 한다. 운동을 할수록 긴장감이 조금씩 커진다고 염려할 필요는 없다. 결과적으로는 몇 시간 동안 평온함을 느끼게 될 것이다. 평온함이 가져다주는 행복감을 마다할 사람은 아무도 없을 것이다. 그런데 격한 운동을 하고 난 다음에 활력이 떨어지는 상태도 평온함이라고 할 수 있을까? 실제로 격렬한 운동으로 떨어진 활력이 회복된 다음에는 한두 시간 동안 활력이 다시 솟는다.

얼마 전에 제자 파울라와 활력과 운동에 대해 대화를 나눈 적이 있었다. 그녀는 각종 회의와 업무 스케줄에 치여 퇴근 후에는 완전히 기진맥진해지고 긴장감에 휩싸인다고 한다. 어느 날 그녀는 한바탕 에너지를 쏟아 붓고 싶다는 생각이 들어서 헬스클럽으로 달려가 역기 운동으로 긴장을 풀고 격렬한 에어로빅을 했다고 한다. 한 시간 후 집으로 돌아올 때는 거의 쓰러질 것 같았지만, 잠자기에는 너무 이른 시간이었다. 간단하게 저녁식사를 하고 TV를 보면서 파울라는 활력이 재충전되는 기분을 느꼈고, 못 다한 업무에도 집중할 수 있었다. 물론 집에서까지 일을 더 하는 건 싫었지만, 밤이 늦도록 일에 몰입할 수 있었다. 그녀는 이렇게 활력이 솟는 순간을 한두 번 경험한 것이 아니라고 했다. 파울라는 운동 때문에 활력이 솟는다고 생각한다. 그녀는 자신의 기분을 조절하는 방법을 매우 잘 알고 있었다.

지나친 운동은 하지 말 것

대다수의 현대인들은 운동의 수준을 높이면 긍정적인 효과만 있을 거라고 생각한다. 하지만 일반적인 생물학적 원리에 입각해 보면, 운동의 강도와 수준에 따라 부정적인 효과도 나타난다. 캐나다의 유명한 내분비학자 한스 젤리에는 초창기에 스트레스에 관한 수많은 연구를 수행하면서 동물들에게 스트레스를 가하는 일환으로 강제로 운동을 시켜보기도 했다. 대부분의 사람들이 스트레스 해소법으로 단연 운동을 꼽지만, 지나친 운동은 당연히 몸에 해롭다.

운동선수들이 지나친 훈련을 받는 경우도 과도한 운동의 한 예라고 볼 수 있다. 이 경우 다양한 육체적 장애뿐 아니라 만성적인 피로와 기분 장애를 야기할 수 있다. 장거리 달리기 선수를 대상으로 한 최근의 연구에서는 선수들의 기분을 기준으로 이들이 과도한 운동을 했는지 아닌지를 판단했다. 과도한 운동과 부정적인 기분으로 인해 신경성 식욕 부진, 일명 거식증과 같은 섭식 장애가 발생하는 사례도 있다. 거식증에 걸린 21명의 여성들을 대상으로 실시한 영국의 한 연구에서 이 여성들은 운동에 대해 부정적 중독 증세를 보인다는 결론이 나왔다. 이 여성들은 아프거나 부상을 입었을 때도 운동을 했으며, 운동을 하지 못하는 경우에는 금단 증상까지 경험했다. 이런 증세는 운동이 기분에 얼마나 강력한 영향을 미치는지를 단적으로 보여주는 예다.

Good Mood

즐거운 운동 습관 갖기

똑같은 생활습관을 가진 60세 남성 중 매일 3킬로미터를 걷는 사람이 통계적으로 7년을 더 오래 산다고 한다. 단지 몸을 더 많이 움직인 덕분이다. 이러한 명백한 효과를 알면서도 우리는 흔히 운동할 시간이 없다고 핑계를 댄다. 혹시 TV를 보거나 사람을 만나거나 인터넷에 매달려 있느라 시간이 없는 것은 아닌가? 운동을 하고 난 후의 기분 좋은 피로감을 느껴본 적이 언제인가? 다시 그 즐거운 느낌을 회복해보라. 혼자서 어렵다면 걷기, 조깅 등 운동 모임에 참석하는 것도 좋다. 중요한 것은 운동 습관을 들이는 것이다.

05

운동은 자신을 높이는 힘

　운동의 즐거움은 사람들의 자기평가에 대한 연구를 통해서도 충분히 증명되었다. 또한 운동이 자부심을 높인다는 과학적 연구들도 상당히 많다. 물론 자기평가에 관한 연구는 상당히 복잡한 분야다. 예를 들어 자부심은 비교적 불변성을 가지는 개개인의 성향이라는 이유로, 한 차례의 정력적인 운동이 자부심을 변화시킬 수는 없다고 생각하는 학자들도 적지 않다. 운동을 통해 신체적 상태가 개선되면 스스로에 대한 전반적인 느낌이 좋아지기는 하지만, 자부심에는 거의 영향을 미치지 않는다고 생각하는 것이다. 하지만 내 생각은 다르다. 나는 적은 양의 운동으로도 자부심에 충분히 영향을 미칠 수 있다고 생각한다.

　몇 년 전, 조앤 루바드와 함께 대학생들을 대상으로 실시한 연구에서 우리는 자부심이 날마다 상당한 차이를 보인다는 사실을 발견했다. 대학생들은 몇 주 동안 수차례에 걸쳐 활력과 긴장감, 그리고 자부심의 정도를 측정하여 보고했다. 여기서 한 가지 명백한 사실은 활력의 수준이 자부심의 정도를 분명히 반영한다는 것이다. 다시 말해 학생들이 활력을 더 많이 느낄 때는 스스로 평가한 자부심의 수준도 높았다는 것이다. 또한 운동과 자부심에 대한 기존의 중요한 연구에서도 사람들이 운동을 했을 때 스스로에 대해 더욱 긍정적인 평가를 한다는 결과가 나왔다.

운동이 자부심을 높인다

자부심은 어떤 일을 하든 성공할 수 있다는 자신감, 혹은 자기옹호와도 같다. 자기옹호가 심리치료사들에게 꽤 각광을 받는 이유는 행동 변화에 중요한 부분을 차지하기 때문이다. 쉽게 말해 어떤 일을 잘해낼 수 있다는 신념은 그 일의 성공 가능성을 알려주는 가장 확실한 지표이다. 그런데 운동이 자기옹호를 강화시키는 데 탁월한 기능을 수행한다. 특히 신체적 능력에서 더욱 그렇다. 즉, 운동은 심리적인 건강을 결정하는 중요한 요인이다.

운동에서 얻을 수 있는 또 다른 기분의 변화는 기쁨이 늘어난다는 점이다. 앞서 설명했듯이 운동은 우울증을 감소시킨다. 우울증이 활력을 떨어뜨리고 긴장을 증폭시키는 요인이라는 점에서 운동은 이런 감정들을 완화시키면서 전체적인 기분에 변화를 일으킨다. 운동을 해도 우울증이 전혀 줄어들지 않고 즐겁지 않다면 우울증의 정도가 꽤 심각한 상태라는 사실을 깨달아야 한다. 한 예로 우울증과 심각한 육체적 고통을 모두 가진 사람들에게 만약 둘 중 하나만 선택한다면 무엇을 고르겠다고 질문한 적이 있다. 그런데 참가자들은 차라리 육체적 고통을 택하겠노라고 대답했다. 그만큼 우울증에서 회복되는 것은 어렵지만 기쁜 일이다.

물론 이렇게 설명할 수도 있다. 운동을 통한 우울증 감소 효과가 100퍼센트 확실한 것은 아니라고 말이다. 걷기가 우울증을 감소시키는 효과가 있다는 사실을 알면서도 걷기를 포기한 사람들을 생각해보자. 이들은 너무 피곤해서 걷는 것조차 할 수 없었다. 따라서 스스로 운동을 하고자 하는 의욕을 갖기 위해서는 때때로 운동과 기분 상승을 의식적으로 관련짓는 노력이 필요하다.

운동이 즐거움을 유발하는 또 하나의 방식은 스트레스와 관련이 있다. 일단 스트레스가 없으면 사람들은 기쁨을 느낀다. 수많은 과학적 문헌들을 보면, 운동은 스트레스에 대한 예방 접종과도 같다고 말한다. 영국의 과학자 앤드류 스텝토와 그 동료들은 최근의 한 연구에서 운동이 어떤 방식으로 스트레스에 대한 저항성을 강화시키는지를 보여주었다. 연구팀은 73명의 성인 남녀를 대상으로 20일 동안 매일매일 그날의 스트레스 정도를 기록하게 했다. 그들이 기록한 스트레스의 이유는 "할 일이 너무 많아서"라는 꽤 평범한 것들이었다. 참가자들은 가끔씩 운동을 했지만 매일 하지는 않았기 때문에, 운동을 한 날과 하지 않은 날을 비교 연구할 수 있었다. 개인의 유형별 분석한 결과는 상당히 뚜렷한 차이를 보였다. 피험자들은 운동을 한 날, 스트레스를 받는 일이 비교적 적었다고 기록했다. 또 스트레스를 많이 받을 것 같던 일도 운동을 한 날에는 스트레스를 받지 않고 지나갔다고 대답했다. 여기서 흥미로운 사실은 사람들이 운동을 통한 긴장감 감소보다는 '긍정적인 기분' 변화를 더 중요하게 생각한다는 점이다. 이는 곧 활력 증강이 운동의 즐거움에 가장 결정적인 역할을 한다는 의미다.

Good Mood

억지로라도 노력하면 기분이 좋아질까?
미국의 심리학자들이 진행한 한 실험에서는 피험자들이 얇은 연필 한 자루를 윗니와 아랫니 사이에 물어서 어쩔 수 없이 웃는 표정을 짓도록 했다. 그러자 놀랍게도 피험자들의 기분이 상승했다. 여러 연구를 통해서도 기분학자들은 "억지로라도 웃으면 기분이 좋아진다"고 밝힌 적이 있다.

Mood Cafe

5분 산책의 놀라운 효과

몇 해 전에 나는 학생들과 한 가지 실험을 계획했다. 우리는 달콤한 간식을 먹고 싶은 충동이 일 때 운동이 그 만족감을 대신할 수 있다는 사실을 증명하리라고 믿었다. 그리고 나의 가설대로 먹는 것과 운동이 기분에 영향을 미치는지 알아보고자 했다.

우리는 먼저 사탕을 즐겨 먹는 사람들을 관찰하면서 운동이 사탕을 먹고 싶은 충동에 영향을 미치는지 관찰했다. 평소에 사탕을 즐겨 먹는 18세에서 52세 사이의 18명의 남녀가 3주 동안 이 실험에 참가했다. 참가자들은 12일 동안 매일 같은 시간에 최소한 40분 동안 물이나 음식을 먹지 않은 상태로 앉아 있다가 몇 초 동안 사탕을 바라봄으로써 충동을 자극했다. 그다음에는 충동의 강도를 1부터 7까지 점수로 매겼다. 또한 몇 년 전에 개발한 기분 체크리스트를 이용하여 활력과 긴장감의 정도도 각자 기록했다.

점수를 기록한 다음에는 한 그룹은 빠른 걸음으로 5분 동안 산책을 하고, 또 한 그룹은 자리에 그대로 앉아서 5분 동안 사탕을 바라보게 했다. 그다음에 기분과 식욕을 다시 체크했다. 우리는 참가자들이 기록한 점수를 보고 산책 후의 충동과 그대로 앉아 있었을 때의 충동을 비교할 수 있었다.

매우 놀라운 결과가 우리의 가설을 입증했다. 빠른 걸음으로 5분 동안 산책을 한 후 사탕을 먹고 싶은 충동은 확연히 줄어들었다. 그러나 그대로 앉아 있을 경우 충동은 분명히 증가했다. 확실하게 사탕을 보는 행위는 충동을 일으키는 데 성공했고, 5분 동안 앉아 있던 참가자들은 훨씬 더 사탕을 먹고 싶어 했다. 그러나 5분 동안 산책을 한 후에는 사탕을 먹고 싶은 마음이 확연히 줄어들었다. 이 차이는 통계적으로 중요한 의미를 갖는다.

이 실험에서는 또 다른 흥미로운 결과가 나왔다. 우리는 두 번째 점수를 매긴 다음 참가자들에게 원하면 언제든지 자유롭게 사탕을 먹도록 했다. 물론 먹기까지 걸리는 시간을 기록했다. 산책을 한 참가자들은 자리에 앉아 있던 참가자들이 걸린 시간보다 두 배 더 오래 참았다가 사탕을 먹었다. 자리에 앉아 있던 사람들이 대략 10분 후에 사탕을 먹은 반면, 산책을 한 참가자들은 약 20분이 지나서야 사탕을 먹었으며 아예 사탕을 먹지 않은 사람도 있었다. 즉, 운동으로 사탕을 먹고 싶은 충동이 감소한 것이다.

언제라도 뭔가 달콤한 것이 먹고 싶다는 충동을 일 때마다 이 실험을 생각하라. 그런 충동들은 생겼다가도 이내 사라지기 마련이다. 잠시 동안 그 충동을 참을 수 있다면, 그 후로는 충동을 참기가 한결 쉬워질 것이다.

Good Mood 4

기분이 당신의 식욕을 좌우한다

기분은 우리의 결정과 행동을 아주 은밀하게 조정한다. 바로 손만 뻗으면 쉽게 얻을 수 있는 활력소인 음식으로 유혹한다. 음식 섭취를 부추기는 이런 유혹의 대가는 강력하다. 활력이 떨어졌을 때 대부분의 사람들이 과식하는 것만 봐도 활력과 음식의 관계는 명백하다. 대체로 기운이 없는 늦은 오후에 다이어트 결심이 무너지는 것도 이런 이유다. 힘을 얻고자 선택한 한 조각의 초콜릿과 한 조각의 케이크, 한 봉지의 과자는 대부분 그것에서 끝나지 않는다. 시럽과 크림을 잔뜩 얹은 커피, 치즈로 뒤덮인 피자, 기름이 지글지글한 치킨……. 기분이 가라앉을 때, 활력을 높이려고 음식을 먹는 것은 지극히 기본적인 생물학적 반응이다. 문제는 그 다음이다.

Good Mood

01
왜 다이어트 열풍에도 비만은 줄지 않을까?

이제 비만은 전 세계적인 문제다. 통계적으로도 우리는 이미 비만 국가에 살고 있다. 이런 변화는 특히 1980년대 이후로 더욱 두드러졌다. 여러 차례에 걸친 설문조사 결과, 미국의 성인 50~75퍼센트 정도는 과체중으로 나타났다. 안타깝게도 최근 몇 년 사이에는 그 숫자가 서서히 증가하고 있다. 미국 질병통제센터(Center for Disease Control and Prevention)가 시행한 체계적인 전화 설문조사에서 정상 몸무게보다 30퍼센트가 넘는 비만은 1991년에서 1998년 사이에 거의 50퍼센트나 증가한 것으로 나타났다. 대부분의 사람들이 자신의 몸무게를 실제보다 줄여서 대답한다는 점을 감안하면, 실제 비만 증가율은 그보다 높을 것이다. 한번 주위를 둘러보라. 당신 가까이에도 분명 비만인 사람들이 있을 것이다. 어쩌면 당신이 그들 중 한 명일지도 모른다.

통계적으로 살펴보면 더욱 놀랍다. 모든 연령대의 남성과 여성에서 비만이 증가했다. 특히 18세에서 29세까지의 성인들에서 비만 증가율이 가장 높았는데, 이는 인구 고령화 추세와는 맞지 않다. 또 학력이 높은 사람들의 비만 증가율이 높다는 점도 매우 인상적이다. 대서양 중남부에 위치한 지역에서 가장 큰 변화를 보였다. 하지만 전체적으로 비만이 증가한 것은 분명하다. 사람들의 육체적 활동량에는 두드러진 변화가 없었지만 몸무게는 증가한 것이다.

과체중에 예민한 사람들

이러한 비만 증가율은 많은 사람들이 자신의 몸무게를 과도하게 걱정하도록 부추겼다. 〈사이콜로지 투데이〉가 실시한 연구 결과를 보면, 독자들 중 여성의 24퍼센트가 살을 빼기 위해 3년 이상의 시간을 투자했다고 밝혔다. 같은 잡지에서 실시한 이전의 조사에서는 몸무게에 대한 스트레스가 이 정도까지 심하지 않았다. 비만을 유전자 탓으로 돌리며 살찌는 것에 대해 더 이상 연연하지 않는 사람들도 있다. 하지만 이것은 우리의 유전적 특질에 대한 과학적 증거를 곡해한 것이다. 유전적 배경으로 살이 더 잘 찌는 경향이 있기는 하지만, 이는 섭취하는 음식량과 운동량을 조금 더 신경 써야 한다는 의미 그 이상은 아니다. 즉 비만이 운명은 아니라는 말이다.

어쨌든 전체적인 우리의 유전적 배경은 지난 20년간의 비만 증가율을 설명할 수 있을 만큼 극적인 변화를 보이지 않았다. 실제로 이

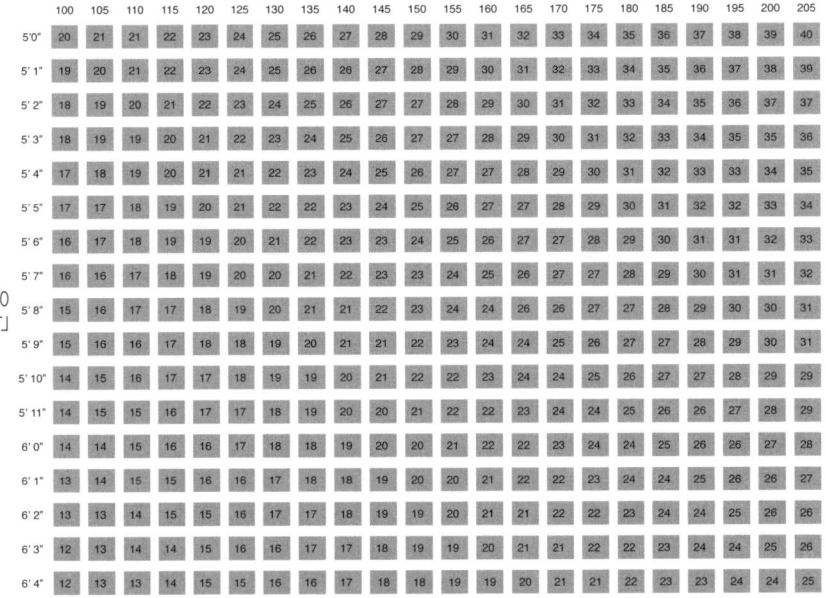

[그림 4-1] 체질량지수표(BMI, Body Mass Index)

신장과 몸무게에 따른 자신의 체질량지수를 확인할 수 있다. 체질량지수 26에서 27 사이에 해당하면 과체중으로 건강 위험도가 약간 높다. 지수가 높아질수록 비만이며 위험도도 높아진다. (단위 환산 : 신장 5피트 ≒ 152.4센티미터, 몸무게 100파운드 ≒ 45.34킬로그램)

런 유전적 변화가 일어나고 있다고 해도, 뭔가 특별한 요인이 그 변화를 촉진하지 않고서는 불가능한 일이다. 혹시 사람들이 자신의 과체중 정도를 정확히 몰라서 비만 인구 비율을 잘못 계산한 것은 아닐까? 아니면 사회 전반에 걸친 강박적인 집착은 아닐까? 불행히도 그 대답은 '아니다'이다. 비만이 광범위한 경향인 것은 명백하다.

권위 있는 과학 저널 〈사이언스〉는 최근 과체중 문제에 관해 폭넓은 과학적 분석을 실시했다. 명망 있는 과학자들이 내린 결론도, 최근 20년간 미국인들은 꾸준히 몸무게가 증가하고 있다는 사실이다.

이런 몸무게 증가는 건강 전문가들에게 경종을 울렸다. 미국 전 공중보건국장 에버렛 코프는 비만이 유행처럼 증가하는 것은 비단 미국만의 문제가 아니라 범세계적인 문제라고 지적했다.

1950년대 메트로폴리탄라이프 보험사는 연령별 및 성별 적정 체중을 나타낸 체질량지수표(BMI, Body Mass Index)를 만들었다. 당시에는 표준 체중의 범위를 다소 여유롭게 계산했다. 지금은 체지방 함량까지 표시한 보다 정확한 체질량 지수표로 대체되었다. 그런데 더 엄격한 기준을 세운다고 체중이 그 기준에 따라 변하는 것은 아니다. 어쨌거나 사람들은 실제로 점점 더 뚱뚱해지고 있다.

과체중의 이유는 무엇일까?

그렇다면 왜 이렇게 비만 인구가 계속 증가하고 있을까? 사실 그 원인에 대해서는 과학자들조차도 명확한 답을 내리지 못하고 있다. 흡연 인구가 줄고 몸무게를 조절하는 습관이 줄었기 때문인지, 혹은 어디서나 쉽게 섭취할 수 있는 고칼로리의 정크 푸드나 앉아서 일하는 업무 환경이 늘어났기 때문인지, 모두 가능성이 있지만 어느 한 가지만으로 이 엄청난 변화를 설명하기는 어렵다.

다른 한편으로 과체중이 정말로 문제인가를 놓고도 의견이 분분하다. 그러나 과체중과 여러 질병들, 특히 심혈관성 심장병의 상관관계를 보여주는 광범위한 연구 결과들을 살펴보면, 그 답은 분명하다. 이 상관관계를 말할 때 자주 거론되는 증거는 '프레이밍햄 심장 연구(Framingham Heart Study)'의 결과다.

프레이밍햄과 매사추세츠에서 1949년부터 시작한 이 연구는 5,000여 명을 대상으로 무려 26년 동안 추적 조사로 진행되었다. 그 연구 결과, 과체중인 사람일수록 심혈관성 질환의 발병률이 높았으며, 특히 여성에게 그 증세는 더욱 두드러졌다. 이 같은 사실은 11만 5,000명의 여성 간호사들을 대상으로 실시한 이른바 '간호사 건강연구(Nurses Health Study)'와 같은 후속 연구들에서도 속속 밝혀졌다. 즉 중년 여성의 몸무게와 모든 사망 원인 사이에는 직접적인 관련이 있다는 것이다. 최근에는 30만 명의 남성과 여성을 대상으로 실시한 연구에서도 최소한 75세까지의 주된 사망 원인과 체질량 지수가 관련이 있다는 사실이 드러났다. 흥미로운 사실은, 몸무게 증가에 따른 위험도는 젊은 연령층에서 훨씬 더 높게 나타났다는 점이다. 그 밖의 연구들에서도 과체중과 비만이 장기적인 건강 상태에 실질적으로 많은 영향을 미친다고 밝혀졌다.

그렇다면 과체중은 그 자체로 문제일까? 아니면 과체중인 사람들이 일반적으로 건강 상태가 좋지 않기 때문에 사망률 증가와 몸무게가 관련이 있는 것처럼 보이는 걸까? 쿠퍼 에어로빅 연구소의 스티븐 블레어와 그의 동료들은 신체 단련, 즉 피트니스가 가장 결정적인 예측 변수라고 주장한다. 1998년 PBS의 다큐 채널 프론트라인에서는 다큐멘터리 〈비만〉을 방영한 적이 있다. 다큐의 주인공인 59세의 블레어는 임상학적으로 비만으로 분류될 정도로 뚱뚱했지만, 식이요법의 일환으로 주당 35마일씩 달리기를 하고 있었다. 그는 자신이 작고 다부지며 매우 건강한 체형이라고 주장한다. 그래서 자신과 같은 체형은 몸무게 변화도 거의 없으며, 식량이 부족한 상황에서도 생존력이 높다는 것이다. 러시아 대초원의 억센 농부와도 맞먹을 만한 체력이고, 진화론적 관점에서도 적응력이 꽤 뛰어날 것이라고 주장한다.

한편 사회문제 전문가들은 과체중에 대한 인식이 건강보다는 문화적 유행에 따라 달라진다고 주장한다. 사실 요즘에나 사람들이 살찌는 것을 걱정하지, 예전에는 그렇지도 않았다. 시대에 따라 달라지는 미인의 조건만 봐도 그렇다. 지금은 깡마른 몸매가 미인의 첫 번째 조건이지만 1950년대 세계적인 미인으로 꼽히는 마릴린 먼로나 메이 웨스트와 같은 여성들은 지금 우리 눈에는 영락없이 뚱보로 보인다.

비만이 얼마나 중요한 문제냐는 잠시 미뤄두고, 다시 비만의 원인으로 돌아가자. 앞서 살펴보았듯이 비만 인구가 계속 늘어나는 것은 명백한 사실이다. 그런데 혹시 비만의 증가 이유 중에 비만을 유발하는 사회적 경향이 있는 것은 아닐까? 이에 대해 나는 '부정적인 기분'이라는 명백한 사회적 요인이 큰 영향을 미치고 있다고 생각한다. 예들 들어 스트레스와 우울증, 그리고 그와 관련한 질병들이 증가하는 것도 총체적인 부정적인 기분을 뒷받침하는 증거이다. 나는 사회 전반에 만연한 부정적인 기분이 사람들로 하여금 잘못된 자기 조절을 유도한다고 믿는다. 기분 조절 수단의 방편으로 음식에 의존하는 지수가 점점 더 높아지기 때문에 비만 또한 증가하는 것이다.

02
잘못된 식습관이 몸의 균형을 깨뜨린다

　몇 년 전, 딸아이와 함께 스웨덴에 있는 친척 집에서 이틀을 지낸 적이 있다. 친척들은 모두 7, 80대 연로하신 분들이었다. 그들은 육체적 활동이 거의 없이 주로 앉아서 생활을 하고 있었다. 그럼에도 그들은 우리를 극진히 대접해주었고, 매끼마다 그야말로 진수성찬을 차려주셨다.

　그런데 이상하게도 그들과 지내는 이틀 동안 대화의 초점은 대부분 '먹을거리'에 집중되어 있었다. 맛있게 한 끼를 먹고 식탁을 치우고 나면, 그들은 다시 다음 식사에 대해 이야기했다. 어떤 의미에서 세 끼 식사는 그들의 하루 일과 중 가장 중요한 부분이었다. 그래서인지 식사시간은 손님을 친절하게 대접하는 방법이기도 했다. 그들에게 일상의 기쁨이란 대부분 먹는 것에서 시작되는 것 같았다.

　하지만 그들과 달리 활동량이 많았던 나와 내 딸은 식사시간 사이마다 밖으로 뛰어나가 시골길을 산책하며 돌아다녔다. 하루 중 우리가 가장 활력이 넘치는 시간은 그렇게 들판을 걸어 다닐 때였다. 물론 그들이 베풀어준 멋진 식사도 즐거웠지만, 우리가 매일 느낀 즐거움은 식사 후에 이어진 육체적 활동이었다.

나는 날마다 나의 활력 수준을 규칙적으로 관찰해보았다. 그랬더니 활력이 최고조에 이른 순간은 바로 내가 가장 즐겁게 보낸 시간들이었다. 이후에도 즐거운 시간은 활력이 높은 시간과 자주 일치했다. 이것은 친척들을 관찰하면서도 더 확신을 갖게 되었다. 에너지를 공급해주는 식사시간이 그들에게는 가장 즐거운 시간이었던 것이다. 식사를 하자마자 느낀 즉각적인 활력 덕분으로 즐겁기도 했고, 또 맛있는 음식에 대한 기대감으로 식사를 준비하는 동안에도 즐거웠던 것이다. 이처럼 활력이란 삶에 즐거움을 선사한다. 물론 맛좋은 음식이 주는 즐거움을 만끽하는 것도 활력이 될 수 있다. 다만 음식이 주는 즐거움이 건강한 삶에서 불균형을 초래하지만 않는다면 말이다.

음식은 즉각적인 활력촉진제

스웨덴을 다녀온 후 나는 수업 중에 그 문제에 대해 토론했다. 한 여학생이 내 친척들의 일과 중 식사시간이 가장 활력이 높다는 사실에 전적으로 공감해주었다. 그 여학생은 20대 초반이었고, 몸무게도 정상으로 보였다. 하지만 대화를 나눌수록 나는 그 여학생이 '음식에 대한 부정적인 감정'을 가지고 있는 것처럼 느껴졌다. 일종의 식이장애를 가지고 있는 것 같았다. 그 여학생은 음식에 대해 굉장히 집착하고 있었다. 심지어는 과거에 수많은 모임에서 먹었던 그 많은 음식들을 정확하게 기억하고 있었다.

뿐만 아니라 놀랍게도 그 자리에 있던 다른 사람들이 먹은 음식까지 기억하고 있었다. 그녀는 음식에 대한 자신의 집착이 비정상적이라는 사실도 알고 있었다. 물론 그런 집착이 자신에게 해롭다는 생각도 하고 있었다. 하지만 음식에서 얻는 즐거움과 육체적 활동에서 얻을 수 있는 즐거움 사이의 관련성에 대해서는 잘 모르고 있었다. 내가 보기에 그녀는 음식이 그녀의 삶에 얼마나 불균형을 가져오고 있는지를 충분히 인식하지 못하는 것 같았다. 그리고 음식에서 얻는 즐거움을 다른 활동에서도 얻을 수 있다는 사실도 알지 못하는 것 같았다.

이처럼 식사의 불균형은 우리의 일상에서 쉽게 발견할 수 있다. 예를 들어 저녁시간 TV 앞에 앉아 있다고 가정해보자. 당신은 몸이 점점 피곤해져서(활력 저하) 잠들기 전까지 깨어 있을 방법을 찾는다. 졸거나 잠을 자면 해결이 되겠지만, 많은 사람들이 알고 있듯이 저녁시간에 잠깐 눈을 붙이면 밤에 잠을 설칠 것이다. 그래서 다른 방법으로 깨어 있으려고 노력한다. 뭐 재미있는 게 없나 TV 채널을 이리저리 돌려보거나, 흥미진진한 추리소설을 읽기도 한다. 물론 사소한 집안일을 하기도 한다. 하지만 대부분은 음식으로 쉽게 손이 갈 것이다. 음식은 적어도 잠을 쫓을 만큼의 활력은 주기 때문이다.

음식은 피로에 대응하는 아주 손쉬운 방법이다. 가장 큰 매력은 바로 '맛'이다. 주방의 냉장고까지 몇 걸음 걸어가기만 하면 보기도 좋고 맛도 좋은 음식이 얼마든지 널려 있다. 그 어떤 것들보다 음식은 즉각적으로 당신에게 즐거움을 줄 것이다. 소파에서 일어서서 밖으로 나가 산책을 하는 것에 비하면, 지친 우리의 머리가 둘 중 어떤 것을 선택할지는 뻔하다. 많은 사람들이 활력을 건강하게 조절하는 것에 대해서는 생각하지 못한 채, 이런 쉬운 결정을 반복적으로 내린다. 결정들은 습관이 되고, 그 결과는 불쾌한 기분, 아니면 뚱뚱한 몸이다.

맛에 길들여질수록 조심하라

이처럼 우리는 습관적으로 먹을거리를 찾는다. 맛있는 음식을 먹고 기분이 좋아진 경험이 있다면, 우리는 무의식의 상태에서 그 경험을 패턴으로 만든다. 맛있는 음식에 대한 생각이 우리의 사고 전반을 지배하기 시작하면, 이를 행동으로 옮기는 것은 순식간이다. 물론 다이어트를 하고 있다는 생각이 떠오르고 금지된 식품을 먹어서는 안 된다는 사실도 알고 있다. 하지만 다른 변명들이 언제든 승리한다. "점심을 조금밖에 안 먹었잖아." 혹은 "이 정도 음식은 나를 위한 보상이야"라고 스스로에게 되뇐다.

이런 핑계들은 누가 가르쳐주지 않아도 저절로 머릿속에 떠오른다. 얼마나 얄팍한 핑계인지 알면서도 우리는 금지된 음식을 먹을 수밖에 없는 타협점을 귀신같이 찾아낸다. 그렇게라도 해야 부정적인 기분이라는 화급한 불을 끌 수 있기 때문이다. 과거에 효과가 있었던 습관은 거의 자동반사로 나타난다. 아무리 굳은 결심을 했더라도 습관 앞에서는 어쩔 수가 없다.

> Good Mood
>
> **요요현상의 원인**
>
> 요요현상을 일으키는 조건은 무엇일까? 그것은 긴장감, 피로감, 우울증, 분노와 같은 부정적인 기분이다. 굳은 결심에도 불구하고 다이어트가 원점으로 돌아가는 시간은 하루 중 각성이 낮고 피곤함이나 배고픔, 약간의 긴장감을 느끼는 오후였다. 이 사실을 깨달으면 요요현상의 패턴을 보다 정확히 이해할 수 있다.

03

왜 배고프지 않는데도 먹는 걸까?

오래전, 딸 카라를 마중하러 공항에 간 적이 있었다. 카라는 캘리포니아 북부에서 로스앤젤레스로 날아오는 중이었다. 오후 5시쯤이었고 나는 영양이 풍부한 음식으로 가볍게 늦은 점심을 먹은 후였다. 운항 정보 게시판을 보니 딸이 탄 비행기가 방향을 바꿨다는 메시지가 보였다. 그 순간, 나는 긴장감에 사로잡혔다. 탑승구 안내원은 그 비행기가 프레즈노에 불시착했지만, 큰 문제가 발생한 것은 아니라며 기다리던 사람들을 안심시켰다.

그러나 안내원의 설명과 상관없이 그 순간 나를 비롯해 사랑하는 이들을 기다리던 수십 명의 사람들은 불안감을 떨치지 못했다. 30분이 지난 후에야 우리는 그 비행기에 응급 환자가 있어서 잠시 가까운 공항에 환자를 내려주느라 지체되었으며, 이제 안전하게 돌아오고 있다는 사실을 확인했다.

한숨을 돌리자, 나는 진이 빠지는 것 같았고(활력 저하) 문득 허기가 느껴졌다. 가까이 있는 편의점에 진열된 초콜릿들이 나의 눈길을 사로잡았다. 나는 스니커즈 하나와 다이어트 콜라 한 병을 사서 먹었다. 보통은 과도한 당분이나 지방이 함유된 음식은 잘 먹지도 않고 카페인 섭취량도 소량으로 제한하곤 한다. 하지만 그 순간에는 당분과 카페인이 몹시 당겼다. 에너지가 빠져서 지금 당장 불쾌한 기분과 긴장감을 해소하는 데 당분과 카페인이 제격일 것 같았기 때문이다. 물론 딸이 도착한다는 사실에 마음도 편해졌다. 초콜릿과 콜라를 사려고 마음먹은 그 순간에도 그 두 식품이 내게 진정 필요한 건 아니라는 생각이 들었지만, 곧바로 그 정도는 섭취해도 괜찮다는 막연한 핑계로 스스로를 합리화했다.

나중에 생각해보니, 딸이 탄 비행기가 방향을 바꿨다는 메시지를 본 순간에 나는 전혀 배가 고프지 않은 상태였다. 다만 너무나 '불안'했을 뿐이었다. 그러나 안전을 확인하고 마음을 놓았을 때도 여전히 나는 맥없이 활력이 떨어진 느낌과 함께 약간의 긴장감을 느끼고 있었고, 곧바로 당분과 카페인을 섭취하고 싶은 욕망이 평소의 습관을 압도했던 것이다. 비록 일시적인 조절이었지만, 그 순간 당분과 카페인 탐닉은 기분을 조절하기 위한 나의 습관이었던 것이다.

왜 먹으면 기분이 좋아질까?

통계에 따르면 세 명 중 한 사람이 기분을 조절하기 위해 먹을거리를 찾는다고 한다. 남성보다는 여성이 더 많이 선택하지만, 거의 모든 사람들이 적어도 가끔씩은 기분을 조절하기 위해 뭔가를 먹은 경험이 있다. 그리 놀랄 일도 아니다. 맛있는 음식을 먹으면 곧바로 기분이 좋아지기 때문이다. 그러나 달콤한 음식을 먹고 난 후, 얼마 지나지 않으면(한 연구에서는 약 한 시간 정도라고 밝혔다) 기분이 다시 가라앉는다. 왜 우리는 배가 고프지 않을 때도 뭔가를 먹는 걸까? 다이어트를 망치고 자책감을 느끼면서도 말이다.

식사의 쾌감은 굉장히 자극적이다. 식사가 주는 즉각적인 기분 상승은 상당히 매력적이기 때문에 우리는 먹는 행위를 멈추지 못한다. 사람들은 습관적으로 정크 푸드를 먹고 난 후 죄책감을 느끼거나 후회하면서도 먹고 또 먹는다. 과식을 한 다음에 피로나 긴장감을 느끼면서도 과식을 하는 것이다. 학습 심리학에서는 이런 원리를 '긍정적 강화(positive reinforcement : 어떤 반응 또는 행동에 대해 그 행동의 빈도나 강도를 증가시키는 자극을 제공하는 것-옮긴이)'라고 한다.

자기치유로 음식을 이용하는 J의 사례를 살펴보자. J를 알고 있는 사람들은 그녀가 음식을 자기치유의 도구로 이용한다는 사실을 모르고 있다. 왜냐하면 J는 다른 사람들 앞에서는 음식을 먹지 않기 때문이다. 하지만 그녀의 잘못된 기분 조절 습관은 몸무게에서 고스란히 나타난다. 젊고 활달한 성격의 J는 키에 비해 약 20킬로그램 정도 과체중이다. J가 가장 선호하는 기분 조절 방식은 먹는 것이고, 주로 혼자 있을 때 음식을 먹는다.

한편 M이 좋아하는 기분 조절 특효약은 술이다. 처음에는 일주일에 몇 번 친구들과 술을 마셨지만, 얼마 지나지 않아 매일 밤마다

TV 앞에 앉아 혼자 술을 마셨다. 지금 M은 낮에도 술을 마시곤 한다. 여성보다는 남성이 기분 조절용으로 술을 선호하지만, 여성 가운데도 기분 조절을 위해 술에 기대는 사람이 적지 않다.

기분 조절을 위한 선택들

담배도 많은 사람들이 기분 조절을 위해 선택하는 기호품이다. 니코틴 탐닉은 특정한 시간 간격을 둔다는 특징이 있다. 30분마다 한 개비씩 피우는 사람은 하루에 한두 갑 정도는 너끈히 피우는 셈이다. 흡연자들은 회의 중이거나 금연 장소에 있을 때 긴장감을 느끼곤 한다. 그러다가 회의장을 빠져나와 담배에 불을 붙이는 순간, 긴장감이 사라져버린다. 초조해하는 태도를 보면 긴장감을 느끼는 게 분명하다. 담배가 떨어졌을 때의 그 불쾌한 긴장감을 어떻게든 모면하려고 담배를 보루로 사놓아야 직성이 풀리는 사람들도 있다. 담배를 피우면서 진정이 되거나 활기를 얻는데, 보통은 두 가지 효과를 동시에 느끼기도 한다.

현대 문화에서 커피를 비롯한 카페인 음료는 보다 광범위한 기분 조절 식품으로 각광받고 있다. 카페인과 담배는 음식과 유사한 방식으로 우리의 기분을 조절한다. 수많은 사람들이 아침에 잠을 깰 때만이 아니라 기분을 개선하기 위해 커피를 마시거나 카페인이 함유된 청량음료를 애용한다. 시간에 구애받지 않고 언제라도 마실 수 있기 때문이다.

스타벅스를 비롯한 커피 프랜차이즈 매장들의 성공을 보면, 충분히 짐작이 될 것이다. 그 점에서 미국인들은 단연 중독자라고 할 만하다. 유럽인과 동양인들도 크게 다르지 않다. 스톡홀름 출신의 동료 교수 한 사람은, 대부분의 인구가 미국보다 북반구에 살고 있는 스웨덴에서는 하루 1,000밀리그램 정도(커피 열 잔보다 많은 양이다)의 카페인을 섭취하는 것이 놀랄 일이 아니라고 한다. 물론 북미인들도 별반 다르지 않다. 스타벅스가 워싱턴 주 북쪽에 있는 도시 시애틀에서 시작된 것도 어쩌면 당연한 일인지 모른다.

기분이 좋을 때도 기분을 조절한다

　우리는 기분이 나쁠 때도 기분을 조절하지만, 기분이 괜찮을 때도 기분을 조절한다. 좋은 기분을 더 좋게 만들려고 뭔가를 하는 것이다. 오랜만에 만난 친구나 가족들과 즐거운 시간을 보낼 때도 우리는 쉽게 과식에 빠진다. 즐거운 저녁 식사를 하며 곁들이는 와인 한 잔, 만족감에 젖어 피워 문 담배 한 개비, 막 뽑아낸 드립커피도 좋은 기분을 더 좋게 만드는 하나의 예다. 내가 가르치는 한 학생의 표현을 빌리면, '발동 걸기'용으로 운동을 하는 사람들도 있다. 그 학생은 그저 기분을 회복하는 정도가 아니라 기분을 진짜 좋게 만들고 싶을 때 운동을 한다. 이때는 나쁜 기분에서 벗어나려고 한다기보다는 기분 좋았던 과거의 기억을 떠올려서 그 기분을 다시 만들고 싶은 동기에서 조절을 한다고 볼 수 있다.

Good Mood

계산대 앞에 사탕이 즐비한 이유

음식에 대한 학습은 우리의 식습관에 영향을 미친다. 맛있는 음식에 대한 끌림을 예로 들어보자. 사람들이 반드시 지나쳐야만 하는 슈퍼마켓 계산대 바로 옆에 각종 사탕과 초콜릿을 보고 한 번쯤 살까 말까 고민했던 적이 있을 것이다. 파블로프의 조건반사 효과가 의심스럽다면, 계산대 옆의 사탕을 보고 입에 침이 고이는지 확인해보라. 과거에 사탕을 먹어서 느낀 즐거운 기억은 온갖 연상을 촉발시킨다. 이러한 학습효과로 배고프지 않을 때도 먹고 싶어지게 된다.

04

감정적인 식사가 과식을 부른다

　35세의 중견 간부 Y는 이혼을 하고 아이와 함께 살고 있다. 그녀는 여덟 살 난 딸에 대한 엄마로서의 책임과 직장 업무 사이의 균형을 잘 유지하기 위해 온힘을 쏟고 있다. 반면에 Y의 부모님은 이러한 요구들을 겪지 않았다. 어머니는 Y와 여동생을 돌보는 책임밖에는 없었던 것이다. 가장으로서 생계를 책임졌던 Y의 아버지 역시 명예퇴직이나 인원 감축으로 마음을 졸이는 일이 없었다.

　직장에서 잘리지 않고 직위를 지키기 위해 Y는 더 오래 열심히 일한다. 하루 일과를 마칠 때쯤이면 그녀는 거의 파김치가 된다. 학교와 방과 후 보육시설에서 하루를 보낸 딸과 시간을 보내기 위해서는 그나마 남은 여력을 모두 쥐어짜내야 한다. 이혼 후 5년 동안 Y의 몸무게는 14킬로그램이나 늘었다. 매일 밤에 주로 먹는 것으로 자신의 기분을 조절했기 때문이다. 스스로도 그런 생활 패턴이 맘에 들지 않지만, 음식은 유일하게 그녀가 의지하는 위안이며 기쁨의 원천이다. 하루 중 가장 컨디션이 좋을 때면 다이어트를 하겠다고 수없이 다짐하지만, 막상 활력이 바닥나면 간식의 유혹을 떨쳐버릴 수가 없다. 맛좋은 식품은 마약이었고, 결국 Y는 음식중독자가 된 셈이었다.

이 책에서 자주 언급되는 내용은 이러한 부정적인 기분 때문에 과식을 한다는 것이다. 이것을 '감정적인 식사'라고 한다. 즉 기분에 따라 많이 먹거나 혹은 적게 먹는 것을 말한다. 이것은 그만큼 기분과 먹는 행위는 떼려야 뗄 수 없는 관계임을 증명한다. 음식은 즉각적으로 우리의 기분을 좋게 만든다. 잠시지만 활력을 높여주거나 긴장감을 줄여서 전반적으로 우리의 기분을 개선시켜주는 것이 사실이다.

이 효과를 경험하고 나면 누구나 부정적인 기분이 엄습할 때마다 음식에 의존하게 되고, 이런 행위가 몇 차례 반복되면 식습관으로 굳어지고 만다. 그 결과 활력이 떨어지고 긴장감이 늘어나면 몸에 에너지를 충전해줄 음식을 찾는 과정이 계속해서 일어나게 된다. 활력이 떨어지고 긴장감이 늘어나는 긴장피로 상태가 되면 우리는 쉽게 맛있는 음식을 생각하고, 동전만 넣으면 먹을 수 있는 자판기 속의 초콜릿을 떠올린다. 긴장피로 때문에 금단의 음식을 먹을 수밖에 없다는 '마땅한' 핑계가 슬며시 머릿속에 떠오르면서 금단을 범하느냐 마느냐 하는 먹기 전쟁이 일어나는 것이다. 다이어트를 하는 사람들은 잘 알겠지만, 이 전쟁은 복잡하며 장기전으로 이어질 확률이 매우 높다. 이를 악물고 각고의 노력으로 참아내거나 아니면 모른 체해버리는 방법도 있지만, 전쟁은 너무 자주 유혹에 대한 굴복으로 끝나고 만다.

다음은 주변에서 흔히 볼 수 있는 감정적인 식사들이다.

권태로워서 먹다

긴장피로 상태인 권태 역시 기본적으로 부정적인 기분이다. 권태로움이 느껴지거든 약간 긴장하거나 초조한지 확인해보라. 초조한 느낌을 제외하면 활기도 없다. 권태로울 때는 집중력도 떨어진다. 일상적인 일에도 집중하기 어렵다. 뭔가 집중할 만한 프로그램을 찾느라 TV 채널을 이리저리 돌리고 있다면 권태롭다는 말이다. 뭔가에 집중하기에는 너무 피곤하고 긴장해서 대개는 마땅한 프로그램을 찾지도 못한다. 달리 권태로움을 해소하지 못할 때, 대다수의 사람들이 선택하는 해독제가 바로 음식이다. 이 해독제는 권태로움에도 즉효가 있는 묘약이다. 활력을 높여주고 긴장감을 낮춰주기 때문이다. 물론 그 지속력은 미미하지만.

이런 권태로움에는 육체 활동이 훌륭한 대안이다. 운동은 탁월한 긴장감 해소 효과와 활력 증강 효과를 발휘한다. 아주 적은 양의 운동도 진정 효과가 있으며 결과적으로 권태로움도 줄어든다. 하지만 음식의 공격이 만만치 않다. 손쉽다는 이유 때문이다. 다년간의 경험과 오랜 학습 덕택에 많은 사람들이 식사를 권태로움에 대응하는 매우 매력적인 방법이라고 착각한다. 하지만 그 치명적인 결과에 대해서는 너무도 모르고 있다.

불안해서 먹다

평생 우리의 뇌리에서 떠나지 않는 또 하나의 골칫거리가 있다. 그 골칫거리가 일단 마음에 일기 시작하면 약간 긴장감이 돌기 시작한다. 바로 불안감이다. 이에 대한 효과적인 대응책인 운동은 이번에도 즉각적이고 맛좋은 치료제 덕분에 너무 쉽게 밀려난다. 먹고 나면 활력이 높아지고 긴장감이 줄어들면서 긴장피로의 불쾌한 상태는 일시적으로 해소된다.

권태로움으로 인한 음식 섭취가 습관이 되듯, 불안감을 해소하기 위한 음식 섭취도 습관이 된다. 일단 불안감이 들면 자연스럽게 맛있는 음식을 생각하고 뭔가 자극적인 것을 먹고 싶은 충동으로 이어진다. 생각과 충동에서 금지된 음식을 먹기까지는 불과 몇 걸음 거리밖에 되지 않는다. 이 습관적인 과정을 통제하기 위해서라도 우리는 먼저 기분이 유도하는 식사를 잘 이해해야만 한다.

우울해서 먹다

우리도 익히 알고 있듯이 가벼운 우울증은 잘 알려진 과식 유발자다. 가벼운 우울증은 자각증상이 별로 없기 때문에 더욱 위험하다. 단지 피곤하고 활력이 없으며 일할 의욕이 없는 정도다. 이런 상태에서 활력을 얻고 긴장감을 줄이는 데 음식만큼 매력적인 해결책도 없다. 가벼운 우울증의 결과가 과체중으로 나타나는 것은 어쩌면 당연한 결과다.

　운동은 가벼운 우울증에도 확실한 치료제다. 불필요한 음식을 먹기보다는 훨씬 더 건강한 방식으로 활력을 높여주고 긴장감을 줄여주기 때문이다. 다시 말하지만 우울할 때도 선택은 하나다. 즉 '음식은 해롭고, 운동은 이롭다'는 것이다.

　이처럼 피곤하고 권태롭고 불안하고 우울할 때, 우리는 쉽게 음식을 찾는다. 그렇게 음식을 선택하는 결정은 의식적인 결정이 아닐 확률이 높다. 아마도 음식을 먹기 전에 자신에게 이렇게 말하는 사람은 없을 것이다. "정신을 좀 차려야 하니까 뭘 좀 먹어야 해." 혹은 "따분해. 초콜릿이 있다면 권태로움도 사라질 텐데."
　이런 결정에 관여하는 감정들은 너무 미묘해서 자기관찰을 세심하게 하지 않으면 여간해서 알아차리기 어렵다. 오히려 이런 기분일 때 먹는 것은 과거의 수많은 경험이 쌓인 습관적인 행동 때문이다. 과거에 몇 번이고 되풀이해서 뭔가를 먹은 다음 활력이 높아지고 불안감이 줄어든 경험이 있다면, 같은 상황이 벌어졌을 때 다시 먹게 된다. 이렇게 습관은 굳어진다. 단기적으로 하나의 패턴이 뇌에 각인되면 자동화가 이루어져서 의식적인 인식이 거의 없어도 반사적으로 행동하게 되는 것이다. 이렇게 무의식적인 반사로 굳어지면 바꾸기가 어려워진다. 이런 조건반사는 통제할 수 없는 신비로운 충동으로 보일 수도 있다. 그러나 습관이 작동하는 방식을 알면, 습관도 통제할 수 있다는 사실을 기억하자.

기분과 식탐

　영국의 생물심리학자 앤드류 힐과 리사 히턴-브라운은 몇 년 전에 기분과 식탐에 대해 연구를 했다. 거의 모든 사람이 어느 정도의 식탐을 가지고 있는데, 특히 배가 고프지 않은데도 뭔가 맛있는 음식을 먹고 싶다는 집요한 느낌이 든다면 그게 바로 식탐이라고 한다. 1,000명의 대학생들을 대상으로 한 이 연구에서 97퍼센트의 여학생과 68퍼센트의 남학생들이 식탐을 느꼈다고 응답했다. 또한 적어도 그런 느낌이 들었을 때 두 번 중 한 번은 식탐을 느낀 그 음식을 먹었다고 대답했다. 다이어트 결심이 무너지는 순간, 식탐은 그동안 억제했던 식사의 포문을 활짝 열어놓는다. 일부 학자들은 이런 현상을 '눈덩이 효과'라고 부른다. 그렇다면 식탐은 왜 생기고, 또 어떤 식으로 과식을 유도하는가? 이 질문에 대답을 찾을 수 있다면, 식탐을 효과적으로 조절할 방법도 찾을 수 있다. 영국에서 실시한 한 연구에서 이 질문들 중 적어도 일부분에 대한 좋은 해답을 찾았다.

　식탐에 관한 이전의 연구들이 주로 사람들의 과거 경험에 초점을 맞춰 질문을 했다면, 이번 연구는 식탐을 실시간으로 분석했다. 연구에 참여한 여성들에게 동의를 얻어 5주에 걸쳐 그들이 느끼는 식탐을 기록했다. 물론 식탐을 느끼기 전후의 기분도 기록했다. 연구원들은 이 기록을 바탕으로 기분과 식탐과의 관계와 상호작용을 확인할 수 있었다.

　실험에 참가한 여성들은 20세에서 57세 사이의 과체중이 아닌 평범한 여성들이었다. 참가자들이 기록한 식탐에서 발견한 흥미로운 사실은, 식탐을 느낀 횟수 중 절반이 초콜릿에 대한 것이었다. 그 다음으로 식탐을 많이 느낀 음식은 '달콤한' 것이었으며, 자극적인 음식이 그 뒤를 이었다. 여성들은 식탐을 느꼈을 때 다섯 번에 네 번은 결국 뭔가를 먹었으며, 그 중 92퍼센트는 꼭 먹고 싶은 음식을 먹었다고 응답했다. 보통 식탐을 느끼기 시작해서 15분이 지나기 전에 원하는 음식을 먹는 것으로 나타났다.

이 연구는 과식의 일반적인 유형을 설명했다는 데 의미가 있다. 어떤 음식은 생각으로도 그 음식을 먹고 싶은 충동이 생긴다. 우리는 어떤 음식을 생각하기 시작하면 그 맛이 어떤지를 상상한다. 여기서부터 식탐이 시작되는 것이다. 그리고 이내 그 음식을 먹고 있는 자신을 발견한다. 그것도 많은 양을 먹는다. 일반적으로 우리가 식탐을 느끼는 음식은 고당분, 고지방을 함유한 고칼로리 식품인 경우가 많다. 다이어트에는 물론 건강에도 좋지 않은 음식이 갈망의 대상이 되는 것이다.

연구 결과를 더 살펴보자. 참가자들의 60퍼센트가 음식을 생각한 후 식탐으로 이어졌다. 이는 바꿔 생각하면, 자신이 '음식을 생각하고 있다'는 사실을 인식했다는 것은 곧 식탐이 충동적 식사로 이어지기 전에 대책을 찾을 수 있다는 의미다. 우리의 생각과 감정은 매우 밀접하게 연결되어 있다. 따라서 우리가 하나를 조절하면 다른 하나도 조절이 가능하다. 생각을 바꾸면 감정도 바뀔 수 있다는 의미다.

생각의 패턴에 대한 연구와 더불어 이번 연구에서는 식탐의 출발 신호로 보이는 감정 혹은 기분에 초점을 맞췄다. 식탐이 일어날 때마다 각자 기분 상태를 체크했는데, 참가한 여성들은 흔히 식탐을 느끼기 시작할 때는 물론이고 식탐을 느낀 후에도 일제히 긴장감을 느꼈다고 답했다. 심지어 원하는 음식을 먹은 후에도 긴장감을 느낀 경우가 적지 않았다. 충동이 해소됨에 따라 활력이 높아지고 긴장감이 감소하면서 증폭된 기분을 일부 과학자들은 '쾌락도(hedonic tone)'라고 부른다. 특히 특정한 음식에 대한 충동인 경우에는 자가 측정한 활력도 상승한다. 주목해야 할 점은 긴장감, 활력 저하, 배고픔이 동시에 존재한다는 점이다.

이번 연구에서는 활력 저하와 긴장감 상승 같은 부정적인 기분이 어떻게 과식을 유도하는지, 그리고 음식이 그런 기분들을 어떻게 상승시키는지 좋은 예를 보여주었다. 또한 나쁜 음식에 대한 식습관이 어떻게 형성되는지도 한눈에 볼 수 있었다. 시작은 부정적인 기분이다. 부정적인 기분이 들면 기분을 바꿔줄 음식을 생각하고, 결국에는 그 음식에 대한 충동에 굴복하고 만다. 하지만 굴복하자마자 그 보상이 따라온다. 바로 기분이 좋아지는 것이다. 습관이 형성되는 과정도 비슷하다. '자극-반응-강화'가 반복되어 습관을 만드는 것이다. 그다음에도 부정적인 기분이 들면, 그 기분을 바꿔줄 무언가가 자연스럽게 머릿속에 떠오른다. 비록 그 효과는 잠시뿐이지만.

왜 부정적인 기분일 때 더 먹고 싶을까?

그렇다면 우리는 왜 부정적인 기분, 특히 활력이 떨어지고 긴장감이 늘어나면 먹고 싶은 충동이 생기는 걸까? 활력이 떨어지고 긴장감이 늘어나면 우리는 불쾌감을 느낀다. 당연히 그 불쾌감을 좋은 기분으로 바꾸고 싶어진다. 하지만 그 불쾌감을 순순히 받아들이고 그 기분을 유지할 수도 있지 않을까? 그러나 대부분의 사람들은 그 정도의 통제력을 가지고 있지 않다. 사람들은 곧바로 그 불쾌감을 좋은 기분으로 바꾸고 싶어한다. 짧은 시간 동안은 통제력을 유지하기도 하지만, 결국에는 통제력을 잃고 만다. 불쾌감을 없애는 가장 쉬운 방법은 먹는 행위다. 아무리 그 효과가 일시적이고 죄책감을 동반한다고 해도, 어쨌거나 음식은 손만 뻗으면 먹을 수 있고 맛도 좋으며 기다릴 필요도 없이 즉시 우리의 기분을 좋게 한다. 특히 부정적인 기분이 극에 달해 즉각적으로 그 기분에서 벗어나고 싶을 때, 음식은 떨칠 수 없는 강력한 유혹이다. 이 긴박한 상태가 바로 폭식을 유도하는 미끼다.

이쯤에서 다시 생각해보자. 그렇다면 왜 맛좋은 음식이 기분을 좋게 만들까? 우리는 분명히 그 맛을 즐길 뿐이라고 말하지만, 진실은 그보다 더 복잡하다. 간단히 말하자면, 설탕과 지방이 함유된 식품은 신속히 대사가 이루어지고 체내 혈당량을 급속하게 상승시킨다. 즉각적으로 에너지가 만들어지는데, 이 에너지는 긴장피로에 맞서 싸운다. 이것이 바로 습관을 조절하는 '강화'다.

일단 형성된 습관은 우리의 행동을 조종하고, 단호한 결심도 쉽게 꺾어버리고 만다. 음식에 대한 단순한 지식대로라면, 적어도 가끔씩 음식은 부정적인 기분, 즉 불쾌한 긴장피로 상태를 벗어나게 해주어야만 한다. 그렇지 않으면 습관으로서의 효력이 없다. 과학자들은 이를 '소멸'이라고 한다. 습관은 부정적인 기분에서 벗어나기 위해 먹는 횟수가 많아질수록 더욱 공고해진다. 오랫동안 굳어진 습관을 없애는 것은 매우 어렵지만, 그렇다고 불가능하지는 않다.

물론 습관 훈련을 오랫동안 해보면 알겠지만, 습관 형성 과정은 대부분 무의식적으로 일어나거나 의식의 하위 수준에서 일어난다. 어쩌면 아직 말을 하지 못하는 어린아이가 보채거나 울음을 터트릴 때, 맛있는 것을 줘서 달래는 엄마의 행동이 습관 형성의 시작일 수도 있다. 이런 종류의 조절로 인해 식품에 대한 우리의 생각이 부정적인 기분과 밀접하게 연결되고, 특히 활력이 저하되고 긴장감을 느끼는 경우 그 연결이 강하게 나타난다. 음식에 대한 생각이 의식의 첫 번째 반응일 수도 있지만, 부분적으로는 유아기 때부터 학습된 패턴일 가능성이 크다.

물론 나이가 들어서 습관이 형성되는 경우도 있다. 불쾌한 기분이 들었던 어느 순간, 맛있는 음식을 맘껏 먹고 나서 기분이 좋아진 경험쯤은 누구나 가지고 있을 것이다. 약물이나 다른 중독성 물질이 탈출구가 될 수도 있겠지만, 대부분의 사람들은 약물의 부작용에 대해서는 경계를 한다. 따라서 음식이 가장 최선의 선택일 가능성은 매우 높다. 음식은 언제든 마음만 먹으면 손에 쥘 수 있고, 현란한 광고들뿐만 아니라 하다못해 동네 슈퍼마켓 진열대를 통해서도 우리의 의식 속에 늘 각인되어 있다. 따라서 우리 몸이 에너지를 원하고 긴장감을 느낄 때 음식을 떠올리는 것은 너무도 당연하다.

이처럼 나쁜 식습관이 우리를 조종하는 과정은 매우 은밀하게 이루어진다. 눈치 채지 못하는 사이에 은밀히 다가와 우리의 의식 전반과 식습관을 서서히 조종한다. 결과를 바꾸고 싶다면, 우선 그 과정을 정확히 이해해야 한다.

> Good Mood
>
> **나잇살이 찌는 이유**
>
> 많이 움직이면 많이 먹을까? 꼭 그렇지는 않다. 나이가 들어 활동량이 적어져도 젊은 시절의 식습관은 금세 달라지지 않는다. 왜냐하면 식습관은 생리적 요구가 아니라 심리적인 요인들에 의해 좌우되기 때문이다. 사람들이 나잇살이 찌는 것도 이 때문이다. 나이가 들면서 자연스럽게 활력이 저하되면 활동량은 점점 더 줄어들지만 식습관은 달라지지 않는다.

05
과식을 끊어야 기분도 살아난다

앞서 부정적인 기분이 과식을 유발한다고 했다. 그렇다면 과식을 유발하는 요인을 피할 수는 없을까? 캔자스 대학의 과학자 세 명은 이른바 '과식유발자'에 관해 흥미로운 연구를 진행했다. 이 연구에 참여한 여성들은 정상 체중 집단과 표준보다 10퍼센트 과체중 집단, 그리고 20퍼센트 이상의 비만 집단으로 나뉘었다. 과체중과 비만 집단의 여성 참가자들은 지난 2년간 4.5킬로그램 이상 체중 감량을 했다가 다시 살이 찌는 요요현상을 경험했다. 연구자들은 한 시간에 걸친 집중적인 인터뷰를 통해 참가자들이 최근에 겪은 과식 경험을 조사했다.

이들 여성들은 동일한 과식유발을 경험했지만, 요요현상을 겪은 집단이 정상 체중의 집단보다 더 강력하게 과식유발에 반응했다. 과식을 아예 염두에 둔 상황도 유발자가 될 수 있다. 예를 들어 특별한 행사나 기념일에는 정상 체중의 여성들도 42퍼센트가 과식을 했으며, 과체중인 여성들은 100퍼센트가 과식을 했다고 답했다.

과식의 합리화를 조심하라

이런 계획된 과식은 왜 일어날까? 이를 풀기 위해서 먼저 우리가 과식을 하는 이유와 과식이 기분과 어떤 관련이 있는지를 이해해야 한다. 우리는 종종 긴장피로와 같은 부정적인 상태를 벗어나기 위해서 스스로 기분을 조절하려 하지만, 기분이 괜찮을 때도 더 큰 만족감을 느끼기 위해 기분을 조절한다. 특별한 기념일 같은 날이 바로 그렇다. 스스로에게 금지된 음식을 마음껏 먹어도 된다는 면죄부를 주는 셈이다.

필요 이상으로 먹으면 살이 찐다는 사실을 잘 알고 있으면서도 특별한 날이라는 이유로 자신의 과식을 합리화한다. 다이어트 결과야 어떻게 되든 이런 날 분위기를 망칠 수는 없지 않은가. 휴가철이나 명절 연휴에 살이 찐다는 사실은 누구나 알고 있다. 우리는 기분을 좋게 하기 위해 특별한 행사를 만들거나 파티를 계획한다. 추수감사절이나 크리스마스, 새해와 같은 날에는 엄청난 광고를 통해 사회 전체가 과식을 부추기기도 한다. 동네 슈퍼마켓 주인들도 그런 날을 손꼽아 기다린다(기념일이나 명절날 스트레스를 받는 사람들이 기분을 조절하기 위해 과식을 하는 것과는 다르다).

이러한 계획된 과식, 즉 특별한 날 과식을 하는 경우 정상 체중인 여성들과 과체중인 여성들 사이에 흥미로운 차이점이 발견되었다. 정상 체중인 여성들은 가족이나 친구들과 모여서 과식을 하는 반면, 과체중인 여성들은 혼자 있을 때도 과식을 했다는 점이다. 혼자 있는 동안 과식을 하는 이유는 다른 사람들의 눈길을 의식하거나 부끄러움 때문이다.

이번 연구에서 발견한 또 하나의 흥미로운 사실은, 평상시에도 과체중과 비만인 여성 참가자들은 모두가 오후 늦게 혹은 저녁 시간에 주로 식사를 한다는 점이다. 더 살펴보겠지만, 하루의 활력 주기는 과식에 크게 영향을 미친다. 거의 모든 사람들이 오후에는 활력이 서서히 떨어지기 시작해서 밤이 되면 최저 수준이 된다. 활력이 떨어지니 피로감도 더 느끼고 긴장감에도 더 취약해진다. 즉, 긴장피로 상태가 되는 것이다. 이로써 먹는 행위를 부추기는 완벽한 조건 상태에 놓이게 된다.

캔자스 연구원들은 과식과 관련한 또 하나의 패턴을 '의지/통제력'이라고 정의했다. 모두 다 그런 것은 아니지만 정상 체중의 참가자들 대다수는 과식을 하기 전이나 하는 동안 통제력을 발휘했다. 하지만 과체중과 비만인 여성 참가자들은 통제력 발휘 수준이 미미했다. 통제력을 벗어난 감정은 식이장애를 겪는 사람들에게서 공통적으로 나타나는 현상이다. 정도의 차이는 있겠지만 대부분의 사람들도 과식 충동이 생길 때마다 통제력을 벗어난 감정을 경험한다.

이처럼 불쾌한 감정들이 과식을 유발한다. 정상 체중인 여성들과 요요현상을 겪은 참가자들 모두 과식을 하기 전에 부정적인 감정을 경험했고, 과식을 하는 동안이나 그 후에는 부정적인 감정들이 똑같이 완화되었다. 그러나 정상 체중인 여성들은 과체중인 여성들보다 과식 후 기분의 상승 폭이 비교적 적었다. 따라서 과식에 대한 매력을 덜 느낀다는 의미다. 이는 곧 식이장애를 겪는 사람들이 정상 체중의 사람에 비해 음식에 더 자주, 더 강한 유혹을 느낄 수 있다는 의미다.

이 실험에 참여한 모든 여성들 중 3분의 1이 과식을 하기 전에 피곤함과 따분함 혹은 외로움을 느낀다고 대답했다. 먹는 것으로 이런 감정들이 누그러지는 것은 당연한 일이다. 먹는 동안에는 불과 5퍼센트의 참가자들만이 부정적인 기분을 느꼈고, 먹은 후에는 7퍼센트를 제외한 사람들이 기분이 개선되었다고 응답했다. 피곤함, 따분함, 외로움과 같은 부정적인 감정이 들 때는 활력이 떨어지게 마련인데, 음식을 먹으면서 활력이 높아지면 부정적인 감정들도 누그러지는 것이다. 불안감, 긴장감, 그리고 스트레스 또한 먹는 동안 변화가 일어나는 감정들이다. 분노와 우울 역시 변화가 있었는데, 모두 과식을 하는 동안 확실히 줄어들었다. 하지만 과식 후는 다시 먹기 전과 동일한 분노와 우울함을 느꼈다. 이것은 과식한 후에 느껴지는 부정적인 감정, 즉 죄책감에서 비롯되는 감정일 가능성이 크다.

다음은 과식을 유발하는 다양한 상황들이다.

1. 피로감과 긴장감

최근에 핀란드의 한 연구소에서는 식사를 하는 동안 사람들의 긴장감과 피로감에 어떤 변화가 있는지를 조사했다. 114명의 참가자들은 모두 비만 진단을 받은 사람들이었고, 이들에게 하루 24시간 스스로를 관찰하도록 했다. 참가자들은 모든 식사 전후의 상태를 기록했는데, 먹기 시작했을 때부터 먹기가 끝날 때까지 긴장감과 피로감에 변화가 있었다.

모든 참가자들이 식사 후 긴장감이 감소했지만, 이런 효과는 조금 덜 비만인 그룹에서 더 두드러졌다. 그리고 앞서 말한 대로 음식의 활력 증강 효과로 인해 모든 사람들이 식사 후에 눈에 띄게 피로감이 줄어들었다. 한 가지 재미있는 사실은 비만인 참가자들 대부분이 먹은 후 눈에 띄게 행복감을 느꼈다는 것이다. 이것은 음식을 통한 활력이 식습관에 미치는 영향을 반영한 것이다.

2. 불필요한 음식의 유혹

살을 빼고자 하는 사람들은 모두가 불필요한 음식의 유혹을 자주 느낀다. 사람들은 비교적 기분이 좋을 때, 또 긴장이나 피로를 느끼지 않는 편안한 날에 다이어트를 하겠다고 결심한다. 어느 정도 기운이 있어야 다이어트를 계획하고 실천하기 때문이다.

그렇다면 다이어트를 망치는 결정적인 유혹들에 어떻게 대처해야 할까? 다이어트 성패를 결정하는 가장 중요한 것은 '다이어트 결심이 무너지는 바로 그 순간'이다. 그 결심이 무너지는 순간 의지력도 함께 무너지고 그동안 억제했던 식욕이 봇물처럼 터지고 만다.

의지력이 무너지는 순간 다이어트를 완전히 포기하는 것이다. 하지만 지피지기면 백전백승이다. 다이어트 실패의 결정적 원인을 알면 얼마든지 성공할 수 있다.

카를로스 글리로와 사울 쉬프먼, 그리고 레나 윙은 정상 체중 대비 평균 60퍼센트 이상 과체중이며, 오랫동안 다이어트를 했지만 번번이 실패했던 사람들을 대상으로 연구를 했다. 그들은 참가자들에게 최근에 과식을 한 경험 혹은 과식의 유혹을 느꼈던 경험을 기술하게 했다.

참가자들은 다이어트가 무너지는 순간마다 주로 불안, 긴장, 분노, 피로, 울적함 등 부정적인 기분이나 감정 상태였고, 그 중 54퍼센트는 과식을 했다. 부정적인 기분으로 떨어진 활력을 보충하기 위해 먹기를 선택한 순간, 다이어트 결심은 무너졌고 요요현상이 시작되는 것이다. 연구원들은 다이어트를 실패하게 만드는 고비를 정상적인 식사시간, 각성 수준이 낮은 시간(피곤함을 느끼는 시간), 감정적으로 혼란스러운 시간이라는 세 가지 패턴으로 분류했다. 정상적인 식사시간에도 다른 사람들과 함께 즐겁게 식사를 하면 때에 따라 과식을 했다. 긍정적인 기분이 과식을 유도한 셈이다. 감정적으로 혼란스러운 시간에는 91퍼센트의 참가자들이 주로 분노, 우울, 불안과 같은 감정을 느꼈다. 각성 수준이 낮은 시간에는 대부분의 참가자들이 피곤하고 활력이 떨어지며 울적한 기분을 느꼈다고 기록했다. 울적하다는 말은 가벼운 우울증과 비슷하다. 활력이 떨어지고 약한 긴장감을 느끼는 상태라고 볼 수 있다.

대부분의 사람들이 이렇게 활력이 떨어진 상태를 과식유발로 인식하지 못한다. 하지만 이 상태가 되면 너무 자주 과식을 한다. 이른바 다이어트의 고비가 되는 시간대는 주로 오후나 저녁이었다. 이 시간대에는 대부분의 사람들이 활력이 떨어지기 시작한다. 참가자들이 평균적으로 고비라고 느낀 시간은 오후 4시 34분이었다. 활력이 떨어지기 시작하는 늦은 오후가 바로 음식에 대한 유혹에 특히 더 넘어가기 쉬운 시간이다. 다시 말해 참가자들은 식사 후 4시간 10분 정도가 지나면 약간의 허기를 느끼며 미약하나마 다이어트 결심도 흔들린다고 대답했다. 종합하면, 허기와 더불어 활력 저하와 긴장감 상승이 동시에 나타날 때는 음식에 대한 유혹도 매우 강렬해서 과식으로 이어질 가능성이 크다

최근에는 1년 정도 체중감량 프로그램을 실천하고 있는 사람들 가운데 하루 1,000~1,200 정도의 저칼로리 식이요법을 하는 사람들, 그리고 하루 400~500 정도의 매우 낮은 저칼로리 식이요법을 하고 있는 사람들을 관찰했다. 이번 연구에서는 다이어트를 하는 방법에 따라 요요현상이 시작되는 주요 원인이 달라진다는 사실이 밝혀졌다. 평균보다 약간 칼로리를 낮춘 저칼로리 식이요법을 하는 사람들은 요요현상을 부추기는 가장 중요한 요인으로 감정이나 기분을 꼽았다. 긴장감, 불안, 분노, 울적함이나 압박감 등이 긴장피로의 패턴으로 나타난 것이다. 하지만 매우 한정된 식이요법을 하고 있는 사람들은 요요현상의 가장 주요한 원인으로 음식 자체와 식욕을 꼽았다. 일반적인 음식 섭취량에 훨씬 못 미치는 수준의 식사를 하는 사람들은 이것이 무슨 의미인지 뼈저리게 알 것이다. 이런 식이요법을 하는 사람들은 늘 배가 고프기 때문이다.

미네소타 대학의 데이비드 라포트도 앞서 말한 것처럼 특히 활력이 저하되고 긴장감을 느끼는 시간대에 과식을 한다는 사실과 요요현상과 지속적인 활력 저하 사이의 관계를 증명했다. 극단적인 제한식, 즉 하루 420 정도의 매우 낮은 저칼로리 식이요법으로 다이어트를 하는 비만 여성들을 조사하면서 데이비드는 일주일에 한 번 불안감의 정도를 측정해서 언제쯤 다이어트가 실패할지 예측이 가능하다는 사실을 발견했다. 하지만 '피로효과'가 발생하기 시작하는 연구 후반부 동안에만 예측이 가능했다. 마찬가지로 연구의 전반부 동안에는 우울증의 수준으로도 다이어트 실패 시기를 예측하지 못했다. 그러나 참가자들은 일단 피로효과가 발생하면 우울증을 느끼게 되고 과식할 가능성도 커졌다. 다시 말해 이런 식으로 다이어트를 지속하면 신체의 전반적인 기력이 저하되고, 배고픔과 부정적인 기분을 감당하기 어려워진다.

3. 우울함

우울함도 과식을 유발하는 요인 중 하나다. 우울함의 특징이 활력 저하와 긴장감의 증가이고, 그 결과 음식을 통해 기분을 조절하게 된다는 점에서 당연한 결과다. 앞서 언급했던 몇 가지 연구에서 보듯 참가자들은 요요현상이 일어나기 전에 우울함 때문에 과식을 한다고 응답했다.

물론 심각한 우울함은 체중 증가보다는 체중 감소를 불러오지만,

정신의학에서 주로 '주요 우울증장애'를 위한 분류체계로 이용하는 'DSM-IV(정신장애에 대한 진단 및 통계 편람)'에 따르면 심각한 우울증이 반드시 체중 감소로 나타난다고는 할 수 없다. 현저한 체중 감소도 심각한 우울증의 증세 중 하나지만, 체중이 증가할 수도 있고 식욕이 급격하게 달라질 수도 있다. 체중 감소와 체중 증가 모두 임상학적 연구에서 증명이 되었는데, 심각한 우울증을 앓는 환자들의 거의 절반은 우울증을 앓고 있는 동안 살이 쪘다.

어쨌든 기분의 문제가 섭식 문제들과 관련이 깊다는 데는 의심의 여지가 없다. 이에 관해 두 가지 만성질환을 동시에 앓는 공존질환에 관해서도 수많은 연구 기록이 있다. 그리고 식욕이상항진증(폭식 후 토하기를 반복하는 증세)이나 거식증과 같은 식이장애들과 기분상의 장애들 사이에 밀접한 관계가 있음을 밝힌 연구뿐만 아니라, 정신병리학적 증세, 특히 우울증과 폭식증 사이의 상관관계를 보여주는 연구들, 그리고 우울장애와 병적 비만증 사이의 관계를 입증한 연구들도 많다.

그렇다면 우울함과 과식 사이에는 어떤 관계가 있는 것일까? 우울함이 과식이나 거식을 유발하는 것일까? 일부 과학자들은 우울증을 앓을 때 몇 가지 특정한 유형의 사람들만 살이 찔 뿐, 다른 사람들은 살이 빠진다고 생각한다. 즉, 제한식으로 다이어트를 하는 사람들, 가족력이 없는 비만인, 그리고 젊은 사람들일수록 우울증을 앓을 때 살이 찐다고 한다. 우울함의 정도에 따라서도 차이가 발생할 수 있다.

심각한 우울증에 빠진 사람들은 먹을 기운조차 없다. 가벼운 우울증을 겪는 경우에는 음식을 통해 기분을 조절할 정도의 기운은 있다. 따라서 심각한 우울증이 식사량을 감소시키는 반면, 가벼운 우울증이 과식을 유도할 가능성은 매우 높다. 앞서 설명했듯이 우울증을 과식유발 혹은 요요현상의 전조 현상으로 분류한 연구들에서 다룬 우울증은 가벼운 우울증이었다.

4. 스트레스

이제 마지막 과식 유발의 실체를 밝혀보자. 스트레스와 과식의 관계를 다룬 연구들이 내놓는 상이한 결과들을 정확히 이해하려면 우선 스트레스의 종류를 파악해야 한다. 그 첫 번째 종류는 일을 너무 많이 하거나, 시간이 너무 없을 때 받는 스트레스다. 해야 할 일은 열 가지도 넘는데, 할당된 시간은 그 절반도 안 된다고 생각해보자. 이런 시나리오 속에서는 전력질주를 멈출 수 없다. 해야 할 일과 시계를 들여다보는 일 말고는 아무것도 생각할 겨를이 없기 때문이다. 이때는 음식에 대한 선택권도 없다. 그때그때 먹을 수 있는 것만 먹을 뿐이다. 가장 손쉽게 먹을 수 있는 정크 푸드가 주식이 되고, 건강한 다이어트는 뒤로 밀려난다. 잠시 한숨을 돌리는 순간, 활력이 푹 떨어지면 또다시 음식에 대한 충동, 주로 고칼로리 식품을 집어든다.

스트레스가 비교적 적을 때를 생각해보자. 스트레스가 적다고는 하지만 압박감이나 긴장감은 어느 정도 느껴진다. 어쩌면 직장 업무가 약간 부담스러운 정도일 수도 있다. 당장 마감이 눈앞에 닥친 것은 아니지만, 늘 바쁘고 책임감을 떠안고 있다. 당연히 먹는 것도 잘 챙겨야 한다고 생각해서 양심적으로 정크 푸드에는 손을 대지 않으려고 노력한다. 그럼에도 불구하고 분명한 이유도 없이 우리는 과식의 유혹을 자주 느낀다. 이런 충동이 일면 여간해서는 굴복당하지 않을 수 없다. 보통 기력이 떨어졌을 때 선택하는 음식들은 실제 섭취해야 할 수준보다 칼로리가 훨씬 더 높다.

두 가지 스트레스 모두 긴장감을 느끼는데, 이 긴장감은 자기조절을 부추긴다. 몇 가지 연구를 통해 나는 스트레스와 긴장감이 유사할 정도로 밀접한 관련이 있음을 발견했다. 한 가지 흥미로운 점은, 똑같은 상황이라도 때에 따라 스트레스를 받을 수도 있고 받지 않을 수도 있다는 사실이다. 그리고 스트레스를 받느냐 안 받느냐는 긴장감을 유발하는지의 여부에 달려 있다. 쉽게 말해 긴장감은 스트레스 반응의 한 특징이다. 그렇다면 왜 똑같은 상황인데 때에 따라 스트레스를 받기도 하고 안 받기도 할까? 그 이유는 활력의 수준, 즉 육체적 기력의 정도와 관련이 있다. 활력이 넘치면 부담스러운 일도 즐겁게 할 수 있으므로 스트레스에서 비교적 자유롭다. 하지만 피곤한 상태라면 똑같은 일도 긴장감과 스트레스를 유발한다.

세 번째 종류의 스트레스는 훨씬 더 극단적이다. S라는 한 중년 여인은 남편의 마음이 자신에게서 떠났다는 것을 알고 갑작스레 엄청난 스트레스를 받았다. 그녀도 문제가 있다는 사실은 어렴풋이 알고 있었지만, 상황이 이 지경까지 될 줄은 몰랐기 때문에 완전히 비탄에 빠졌다. 남편에게 이별 선언을 듣기 전까지 그녀는 비교적 잘

쉬고, 잘 먹고, 좋은 컨디션을 유지했다. 기본적으로 건강한 체질이었던 그녀는 슬픈 소식을 접하고도 곧바로 건강이 나빠지지는 않았다. 그러나 문제는 며칠 후부터 나타났다. 스트레스를 받은 직후에는 긴장감이 급격하게 상승하고 활력도 순식간에 고갈된다. 즉, 강력한 스트레스가 평상시에 갖고 있던 활력을 공격하는 것이다.

며칠이 지나는 동안 S는 기력이 떨어지고 긴장감과 피로감이 몰려오기 시작하면서(긴장피로) 불면증에 시달리게 되었다. 이런 스트레스는 하루 중 어떤 특정한 시간대에 더 두드러지게 나타나는데, 보통 늦은 오후나 저녁 시간에 극심해진다. 대부분의 사람들이 자연스럽게 활력이 떨어지는 시간이다. 그녀는 이렇게 활력이 떨어진 시간 동안에는 물론이고, 시도 때도 없이 자신의 불행한 상황에 온 신경을 집중하고 있었다. 일도 제대로 하지 못했다. 문제들을 잊고 잠시 한숨을 돌려보려 하지만, 고통스러운 생각들이 금세 물밀 듯 몰려와 의식을 헤집어 놓았다.

이런 극심한 고통 속에서도 S는 스스로 기분을 좋게 해보려고 노력했다. 하지만 뭔가를 먹을 때마다 소화도 안 되고 속이 아팠다. 이렇게 극도의 불안감을 느낄 때 어떤 사람들은 약물이나 알코올에 의지한다. 흡연자들은 평소보다 담배를 훨씬 더 많이 피운다. 카페인도 하나의 돌파구가 되지만, 불안감이 만들어낸 긴장감은 애써 찾은 돌파구들을 더욱 심각한 지경으로 몰아간다. 가벼운 우울증을 겪은 사람들은 과식을 할 수도 있지만, S는 잘 먹지 못했고 점점 더 살이 빠졌다. 늘 과체중으로 고민했던 S는 몸무게가 줄자 처음에는 즐거웠다. 하지만 지나친 체중 감량으로 인해 건강이 나빠지고 있다는 사실을 깨달았다.

이 세 가지 종류의 스트레스에서 알 수 있듯이, 경미한 스트레스를 받을 경우에는 과식을 하게 되지만, 극심한 스트레스를 받을 때에는 그 반대의 결과가 발생한다. 따라서 스트레스가 식습관에 미치는 영향을 예측하기는 매우 어렵다. 과학적 문헌들이나 연구들에서도 일관된 내용을 기대하긴 어렵다. 또 개인차도 무시할 수 없다. 스트레스를 받으면 평소보다 더 먹는 사람이 있는가 하면, 식사량에 변화가 없는 사람도 있고, 아예 먹지 않는 사람도 있다.

스트레스성 과식에 대한 연구는 매우 많다. 과학자들이 스트레스와 과식에 초점을 맞추는 이유는, 사람들이 장기적인 스트레스에 노출되면 건강에 해가 되는 행동을 한다는 의견이 일반적이기 때문이다. 스스로를 잘 돌보지 않는 상황일 때 우리는 몸에 좋지 않은 음식을 향해 적극적으로 손을 뻗친다. S의 경우는 살이 빠졌지만, 대부분의 경우 스트레스는 체중 증가를 불러온다.

Good Mood

기분을 바꾸고 싶으면 몸부터 바꿔라

기분과 감정은 서로 밀접하게 연결되어 있다. 이것을 이해하면 우리의 행동을 바꿀 수 있다. 하루 동안의 활력과 긴장감의 변화에 자신의 몸이 어떻게 반응하는지를 살펴보라. 그러면 그에 따라 자신의 행동도 분명히 변한다는 것을 알 수 있다. 이처럼 기분의 시스템을 충분히 활성화시켜서 우리의 몸을 통제할 수 있다.

Mood Cafe

왜 나이가 들수록 활력이 줄어들까?

최근 한 동료에게 이런 말을 들은 적이 있다.

"내 나이 스물다섯 살에는 몸무게가 72킬로그램 정도였는데, 마흔셋이 되고 보니 86킬로그램이나 됐어. 늘 똑같은 일을 하는데도 몸무게는 계속 늘기만 하는군."

동료의 말은 결국 해마다 몸무게가 500그램에서 1킬로그램 정도 늘었다는 의미다. 그가 늘 같은 일을 했다는 것은, 먹는 음식의 종류나 양에 별로 변함이 없었다는 의미다. 짐작하건대 동료는 스물다섯 살 때만큼 육체 활동을 하지 않는 것 같다. 게다가 나이와 더불어 대사활동이 자연스럽게 느려졌으니 체중 증가는 당연한 결과다.

나는 동료의 활동 패턴에 대해 넌지시 물어보았다. 그는 예전에는 일주일에 두 번 정도 농구 경기를 즐겼다고 했다. 지금은 느긋하게 골프 경기를 즐기는데, 그것도 가끔 할 뿐이라고 한다. 게다가 전에는 언덕 아래 차를 세워두고 사무실까지 걸어오곤 했는데, 지금은 사무실 가까운 곳에 차를 세워둔다고 했다. 그는 다소 방어적인 태도로 대답했다.

"너무 바빠서 걸을 시간도 없어."

그와 활동량이 줄어드는 것에 대해 이야기를 나누다보니, 젊을 때와는 비교도 되지 않을 정도로 활동량이 급격히 줄었다는 사실이 명백해졌다. 동료는 대화를 나누는 것도 약간 피곤해하는 눈치였다. 그리고는 이렇게 말을 맺었다.

"음, 이젠 늙었지. 예전만큼 활력이 없어."

맞다. 그는 더 이상 젊은 시절만큼 활력이 없다. 그래서 쉬운 방법으로 활력을 찾는 것이다. 많은 사람들이 나이가 들어가면서 점차 그렇듯이 나의 동료 역시 음식을 통해 얻는 활력과 즐거움은 점점 더 늘어나는 반면, 육체 활동을 통해 얻는 활력과 즐거움은 점점 줄어들고 있었다. 다시 말해 나이가 들면서 하루 활력의 정점은 서서히 식사와 관련이 깊어지고 육체 활동에서는 멀어진다는 의미다.

이런 변화의 결말은 체중 증가일 수밖에 없다. 당연히 20대일 때보다 몸무게가 더 많이 나갈 수밖에 없다. 물론 나의 동료뿐 아니라 대다수 사람들이 나이가 들면서 살이 찌는 이유도 마찬가지다. 그렇다면 대안은 무엇일까? 바로 육체 활동량을 늘리는 것이다. 실제로 나이가 들면서 대사활동이 느려지기 때문에 식사와 활동을 둘 다 효율적으로 처리하지 못한다. 그러니 적어도 몸무게를 유지하기 위해서는 더 많이 움직여야 한다. 너무도 단순명료한 해결 방법 아닌가!

Good Mood 5

뇌가 당신의 기분을 책임진다

기분은 무엇보다 뇌의 생화학적 반응들과 관련이 있다. 시시각각 농도가 변하며 우리의 몸을 흐르는 호르몬들, 끊임없이 변하는 혈당 수치, 문제를 맞닥뜨리거나 휴식을 취할 때마다 달라지는 근육의 긴장 정도, 그리고 그 밖의 생리적 반응에 따라서 기분은 수시로 달라진다. 다시 말해 기분의 변화는 생물학적 상태로 정의할 수 있으며, 이 생물학적 상태는 기분 변화의 가장 유력한 근거다. 사건이나 상황도 기분에 영향을 미치지만 그것의 경중을 결정하는 주체가 생물학적 구조물인 우리 몸이라는 점을 감안하면, 사건과 상황은 그저 생물학적 구조물 위에 숟가락을 얹은 것뿐이다.

Good Mood

01

생각은 기분에 따라 달라진다

기분이 나빠지는 것을 스스로 눈치 채지 못할 때가 있다. 특히 활력 상태에서 약간의 긴장감을 느끼는 경우에는 기분이 가라앉는 것을 곧바로 알아채지 못한다. 하지만 자기 자신을 면밀히 관찰하면 부정적인 기분 상태를 알려주는 몇 가지 지표들이 있음을 어렵지 않게 알 수 있다. 예를 들어 기분이 가라앉을 때는 생각도 서서히 부정적으로 흘러간다. 기분과 생각이 일치한다는 과학적 연구들도 있다. 이를 '기분 일치효과'라고 한다. 기분이 부정적이면 생각도 부정적으로 흐르고, 기분이 긍정적이면 생각도 긍정적으로 흘러가는 현상이다.

우울증을 겪는 사람들이 자신들에게 일어난 부정적인 일들만 기억하고, 그것에 집착하는 경향을 보이는 것도 이 '기분 일치효과'의 일종이다. 우울증에 빠진 친구와 대화를 해보면, 그들이 주로 나쁜 기억에만 집중하고 있다는 사실을 어렵지 않게 알 수 있다. 우리는 종종 그들을 향해 삶의 긍정적인 면을 보라고 충고하지만, 일단 우울한 상태에 놓이면 그건 쉬운 일이 아니다. 아무리 노력해도 부정적인 생각들 때문에 결국엔 긍정적으로 돌아서기가 힘들다.

이처럼 기분과 생각이 일치하는 이유는 몸이 통합적인 전체로서 작동하기 때문이다. 이는 곧 신체의 여러 기관은 독립적이지 않고 서로 밀접하게 연결되어 있다는 의미다. 따라서 의식 체계와 기분은 상호의존적이며 서로에게 깊은 영향을 미친다. 인지 이론에서도 우울증은 기분과 생각 모두의 영향을 받는다고 주장한다. 물론 기분과 생각의 관계는 쌍방향적이므로 서로에게 영향을 미친다. 내가 강조하고 싶은 것이 바로 이러한 쌍방향적 영향이다.

왜 똑같은 문제도 밤에는 더 심각하게 느껴질까?

기분과 생각의 쌍방향적 영향에 관심을 갖기 시작한 것은, 몇 년 전 생리학적 활력 리듬을 관찰하면서 날마다 일어나는 자연스러운 패턴을 발견했을 때다. 활력 일주기를 관찰하면 할수록 그것이 여러 가지 행동에 영향을 미치고 있음을 확신하게 되었다. 개인적인 문제가 있는 경우, 나는 주로 밤에 잠자리에 누워 그 고민거리를 다시 생각하곤 했다. 그런데 그냥 덮어둔 채 자고 일어난 다음 날 그 고민에 대해 생각해보면 이상하게도 별것 아닌 문제처럼 여겨지곤 했다. 왜 똑같은 문제도 밤에는 더 심각하게 느껴지는 것일까?

그것은 문제의 심각성을 인식하는 심리 과정 때문이다. 따라서 문제 자체와는 큰 상관이 없다. 이러한 사실을 학생과 동료들에게 말하자, 뜻밖에도 모두들 비슷한 경험을 했다고 말했다. 관찰을 거듭할수록 나는 이러한 현상이 생리학적 활력 리듬과 관련이 있다는 확신이 깊어졌다. 활력이 떨어지고 긴장감이 높은 밤 시간에는 문제가 더 심각하게 느껴지고, 활력이 높아지는 아침 시간에는 별반 대수롭지 않게 보인다. 진짜 문제는 '기분'이었던 것이다.

그렇다면 같은 문제를 다르게 인식해보면 어떤 변화가 나타날까? 우리는 동일한 문제도 인식을 달리할 수 있는지를 알아보기 위해 한 가지 실험을 했다. 실험 참가자들 중 한 사람은 남편과의 별거로 고통스러워하는 여자였고, 또 다른 사람은 고질적인 비만을 걱정하고 있었다. 세 번째 사람은 부모의 불화로 힘들어하는 경우였다. 이들 세 참가자들은 각자의 문제점을 정확히 해두기 위해 나와 한 번 만났고, 그다음에는 시간을 달리해 각자 문제의 심각성을 평가하도록 했다. 참가자들은 하루에 다섯 번씩 10일간 문제의 심각성을 평가했다. 그들은 잠깐씩 자신들의 문제를 생각한 다음, 문제가 얼마나 심각한지 점수를 매기고 그 문제가 해결될 가능성도 점수로 평가했다. 단, 앞서 매긴 점수는 고려하지 않도록 주의를 주었다. 또한 점수를 매길 때마다 활력과 긴장감의 수준도 함께 기록했다.

그 결과 하루 다섯 번 중 네 번, 즉 잠에서 깬 직후와 늦은 아침이나 이른 오후, 그리고 늦은 오후와 잠들기 직전의 생리학적 활력 일주기는 모두 다르게 나타났다. 그리고 매일 10분 동안 가벼운 산책을 한 다음에도 활력을 측정했다. 산책 시간은 별도로 정하지 않았지만, 적어도 네 번의 측정 시간 전후 두 시간의 간격을 유지하게 했고, 실험을 하는 10일 동안에는 매일 같은 시간에 산책을 하도록 했다. 매일 측정한 점수들을 보면서 나는 참가자들의 활력이 자연스럽게 높아지거나 낮아질 때 문제의 심각성이 어떻게 다른지도 파악할 수 있었다.

하루에도 수시로 기분이 달라지는 이유

이 실험의 결과로 보건대, 개인적인 문제들을 인식하는 데도 하루의 시간대가 미묘한 영향을 미친다는 것이 분명했다. 즉, 하루에도 어떤 시간에는 문제가 심각해보이고, 또 다른 시간에는 대수롭지 않게 보였다. 이들이 측정한 점수들과 연결해서 보면, 대부분의 참가자들이 늦은 오후에는 늦은 아침보다 문제를 더 심각하게 인식했고, 해결 가능성도 더 낮게 평가했다. 비록 차이가 크지는 않았지만, 이러한 결과는 통계적으로 분명하게 나타났다. 늦은 오전 시간보다 이른 아침과 밤늦은 시간에 문제의 심각성을 훨씬 크게 느꼈다.

활력과 긴장감이 고조되거나 낮아지는 시간대가 모든 사람이 똑같지 않다는 점을 고려하여 이번에는 참가자별로 활력이 가장 높고 긴장감이 가장 낮게 평가된 시간대에 문제를 얼마나 심각하게 인식하는지를 비교했다. 결과는 어땠을까? 시간대를 불문하고, 활력이 가장 적고 긴장감이 가장 컸을 때 사람들은 문제를 더욱 심각하게 인식했다.

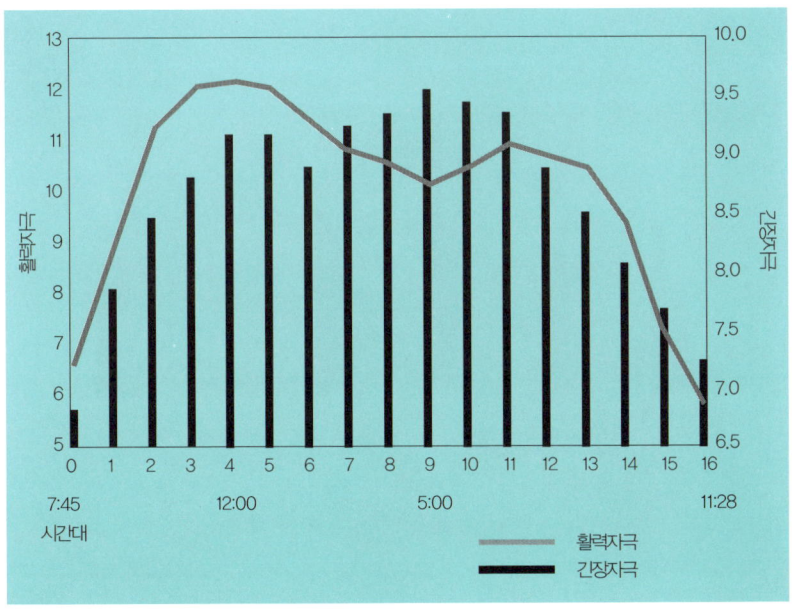

[그림 5-1] 하루 시간대별 활력자극과 긴장자극의 변화 추이

〔그림 5-1〕은 이러한 차이를 잘 보여준다. 평균적인 활력 수준은 아침에 일어났을 때가 낮고 늦은 아침에 최고에 달했지만, 늦은 오후와 잠자기 전까지는 다시 떨어지는 편이다. 긴장감은 낮 동안에는 그다지 많이 느끼지 않았지만 늦은 오후에는 가장 높아졌다. 이러한 결과는 〔그림 5-2〕와 일치한다. 개인적인 문제는 늦은 오후에 가장 심각하게 인식했고, 그다음에는 잠들기 전이었다.

세 번째는 산책과 인식의 변화를 비교했다. 참가자마다 산책한 시간은 달랐지만, 10분 동안의 가벼운 산책으로 참가자들의 활력이

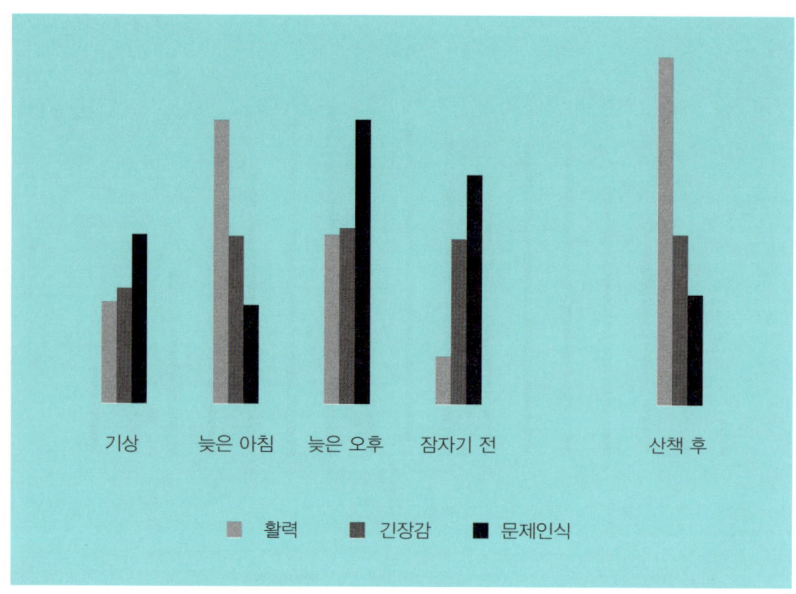

[그림 5-2] 개인의 상태별 활력과 긴장감의 변화 추이

높아진 다음 문제의 심각성은 현저히 줄어들었다. 심지어 산책 후에는 자연스러운 생체리듬상 가장 높은 수치를 보이는 늦은 아침 시간보다 활력이 더 높았다. 하지만 산책 후에도 긴장감은 급격히 감소하지는 않았다. 이번 연구뿐 아니라 다른 연구들에서도 드러나듯 산책 후에는 자연스러운 활력 일주기상 활력이 가장 높은 시간대와 맞먹는 활력을 느낀다. 이처럼 적당한 운동의 활력 증강 효과는 문제의 심각성을 인식하는 데도 영향을 미친다. 고민거리가 있거든, 특히 긴장감과 피곤함을 느낄 때 생각난 고민거리가 있다면 일단 10분 동안 가볍고 빠르게 걷고 난 다음 다시 생각해보면 어떨까? 문제의 심각성이 한결 가볍게 느껴질 것이다.

02

기분 상태는 몸으로도 나타난다

　오래전 친구와 함께 낡은 스카이 리프트를 타고 산에 오른 적이 있다. 리프트 이용객은 우리뿐이었다. 리프트는 위를 향해 높이, 더 높이 올라갔고 아래로는 나무와 바위와 초목들이 펼쳐졌다. 그때, 바람이 불자 리프트가 이리저리 흔들렸다. 순간 불안감이 찾아왔다. 아래를 내려다보자 긴장이 되고 겁도 났다. 나도 모르게 어깨가 잔뜩 움츠러들었다. 얼마나 힘을 주었는지 어깨가 뻐근할 정도였다. 안 되겠다 싶어 의식적으로 어깨를 늘어뜨리며 느긋하게 뒤로 젖히자 곧바로 두려움이 줄어들었다.

　하지만 잠시 후 내 어깨는 다시 움츠러들었고 불안한 생각들이 다시 고개를 들었다. 그때 내가 느낀 긴장감은 내 머릿속에 존재한 감정이 아니었다. 내 몸, 특히 나의 근육이 긴장감을 일으키고 있는 게 분명했다. 그 리프트에 더 오래 앉아 있었다면 아마도 어깨 통증이 극심했을 것이다. 등과 목, 그리고 어깨의 통증은 만성적인 스트레스와 그로 인한 긴장감을 호소하는 사람들의 공통적인 증상이다. 근육이 팽팽해진다는 것은 우리가 실제로 경험하거나 인식한 위험에 반응하는 하나의 방식이다.

긴장하면 근육이 반응한다

이처럼 모든 기분은 신체와 관련이 깊다. 그 중에서도 특히 긴장감과 근육의 관계는 밀접하다. 사람들은 기분을 마음속에 존재하는 감정이거나, 혹은 뇌의 반응으로 생각한다. 하지만 우리가 경험하는 기분은 우리 몸의 다양한 기관들의 합작품이다. 기분은 때로는 의식적으로, 또 때로는 무의식적으로 공포와 불안을 비롯한 모든 심리적 자극과 연관되어 몸의 상태를 나타낸다.

특히 근육의 긴장은 공포, 불안 혹은 긴장자극과 밀접한 관련이 있다. 그 때문에 스카이 리프트 위에서 나는 공포를 느꼈을 뿐만 아니라 어깨의 근육들도 경직되었다. 어깨뿐만이 아니라 몸의 다른 근육들도 마찬가지 반응을 보였다. 심지어 경미한 신경과민으로도 근육이 팽팽해지고 특정한 패턴으로 움직이는데, 이 같은 사실은 진화론적으로도 확인되었다. 인간이라는 종이 적응력을 갖게 된 이유도 여기서 출발한다.

진화론적 관점에서 경직반응을 이해하려면 아주 오래전으로 거슬러 올라가야 한다. 이를테면 수천 년 전쯤 조상들이 겪었을 경험으로 말이다. 어둠이 내려앉은 시간, 우리의 조상 중 한 여인이 덤불을 헤치고 동굴로 돌아간다고 상상해보자. 갑자기 그르렁거리는 위협적인 소리가 계곡 벽에 메아리친다. 위험이 닥친 건 분명한데, 이 잠재적 포식자의 위치를 알 길이 없다. 우리의 조상은 이 상황을 어떻게 대처할까? 또 그녀의 몸은 어떤 반응을 보일까? 순식간에 그녀의 몸은 완벽한 경계 태세로 들어가고 잠재적 위협물의 위치를 파악하려고 할 것이다. 극도의 경계심을 유지한 채 주위를 빠르게 살피면서 실체를 알 수 없는 그 위협적인 대상에게 온 신경을 집중할 것이다. 그녀의 몸은 신속하게 전반적인 각성이 일어나면서 스스로를 보호하기 위해 할 수 있는 모든 준비를 할 것이다. 이 상황을 특징짓는 말로 '투쟁 도주반응'을 떠올릴 수도 있다. 그러나 이 경우 투쟁 도주반응이라는 표현은 적절하지 않다. 투쟁 도주반응으로 정의하려면 우선 포식자가 반드시 있어야 한다. 투쟁을 하든 도주를 하든, 일단 가장 먼저 일어나는 생물학적 행동은 발견을 피하는 것, 즉 숨는 것이다.

 그렇다면 우리의 조상은 어떻게 해야 할까? 포식자의 위치를 모른 채 덤불 속으로 미친 듯이 뛰어 들어간다면, 그 즉시 포식자의 눈에 띄어서 먹힐 가능성이 커질 것이다. 이제껏 공들여 쌓은 그녀의 유전자 풀은 순식간에 삭제될 게 뻔하다. 따라서 줄행랑을 치는 것은 적응력 있는 반응이라고 할 수 없다. 어쩌면 우리의 조상은 그 자리에 얼어붙은 것처럼 꼼짝하지 않고 서서 발견의 가능성을 줄일 수도 있다. 이러한 경직반응은 특정한 형태를 띤다. 어깨가 움츠러들고(스카이 리프트 위에서의 내 모습을 떠올려보라), 몸의 가장 중요한 부분을 보호하기 위해 몸을 약간 앞으로 수그릴 수도 있다. 목과 얼굴도 바짝 긴장할 테고 다른 근육들도 마찬가지로 팽팽해질 것이다. 이러한 행동은 누가 가르쳐준 것이 아니다. 진화의 과정에서 아주 오래전부터 프로그램화된 행동이다. 실제로 이러한 행동은 위험에 대한 첫 반응으로서 현대인에게도 그대로 남아 있다. 이러한 근육의 경직반응은 위급한 상황에서 가장 효과적이다. 특히 마땅한 대응책을 찾지 못했을 때는 더욱 그렇다.

스트레스를 받을 때, 몸의 변화

근육의 긴장과 행동의 억제 패턴을 신체의 자극과 경계와 비교해서 보면 뭔가 비슷한 점이 있지 않을까? 당연히 있다. 우리가 스트레스를 많이 받는 상황에서 경험하는 것과도 닮았고, 내가 스카이리프트 위에서 경험한 것과도 닮았다.

우리의 조상이 한 반응, 그리고 우리가 비슷한 상황에서 하는 반응은 어쩌면 최적의 생존 전략으로 프로그램화된, 일종의 활성화된 경직반응과 관련이 있다. 동물도 비슷한 반응을 보인다. 토끼들은 여우가 일정 거리까지 다가오기 전에는 몸을 웅크린 채 거의 움직이지 않는다. 생태학자들은 '도주거리'라는 용어로 이 행동을 설명한다. 도주거리는 토끼들이 더 이상 경직할 필요가 없는 안전거리를 의미한다. 일단 도주거리 이내로 여우가 접근하면 토끼들은 죽어라 달린다. 이것이 바로 '투쟁 도주반응'이다.

위험으로부터 도망칠 때 스트레스로 근육이 팽팽히 긴장하는 것은 원시적인 경직반응의 흔적이 남아 있기 때문이다. 평범한 우리네 삶에서야 그런 위협은 없겠지만, 스트레스가 많은 일상은 우리에게 유산으로 남아 있는 이 적응력 패턴을 불러일으키게 한다. 아무튼 긴장했을 때 경험하는 근육의 경직은 유쾌한 느낌이 아니다. 우리는 이 상태를 오래 견디지 못한다. 다리를 흔들거나 손가락을 탁탁 두드리거나 초조하게 서성거리는 것도 모두 이 때문이다. 그렇게 하면 무의식적으로 긴장감을 조금이나마 누그러뜨릴 수 있기 때문이다. 일종의 자기조절인 셈이다. 사실 다리를 흔들고 발가락을 꼼지락거리거나 손가락을 튕기는 것은 분명히 긴장하고 있다는 표시다. 자기도 모르게 이러한 행동을 하고 있다면, 지극히 평온한 상태가 아닌 것만은 확실하다. 아무리 스스로 평온하다고 주장해도 어쩔 수 없다. 스트레스를 없애고 싶다면 우선 자신이 안절부절못하는 동작들을 하고 있는지 살펴봐야 한다. 이러한 동작들은 자신이 긴장하고 있다는 걸 알려주는 좋은 지표이기 때문이다.

긴장했을 때는 몸으로 풀어라

이러한 개념을 조금 더 특정한 관점으로 살펴보자. 진짜 위험이 없다고 가정해보자. 당신은 지금 사무실에 앉아 있다. 하지만 기분이 좋지 않다. 어깨가 욱신거리는 것 같다. 분명히 어깨 근육이 긴장한 것이다. 내가 앞서 언급한 몸의 통합 원리를 생각해보라. 몸은 통합적이고 총체적인 패턴으로 작동한다. 그래서 어느 한 부분의 긴장 패턴이 바뀌면 다른 식으로 긴장을 풀어주어야 한다. 근육이 뭉친 곳부터 풀어주는 것이 좋다. 왜냐하면 어느 정도까지는 자발적인 조절이 가능하기 때문이다. 이렇게 뭉친 근육을 조금이라도 풀어주면 기분도 개선된다. 근육을 이완시키면 긴장이나 불안은 줄어든다. 특히 긴장의 정도가 심하지 않을 때는 더 쉽게 회복된다. 이를테면 가벼운 스트레칭이나 산책을 하면 근육의 긴장이 쉽게 풀어지는데, 이때 의식적으로 근육의 긴장을 풀려고 애쓸 필요는 없다. 자연스럽게 팔을 흔들면서 걷는 것만으로도 어깨와 목의 긴장이 풀린다.

워싱턴 D.C에서 나는 우연히 독특하면서도 간단한 긴장 풀기 기술을 목격한 적이 있다. 한참 러시아워 시간에 택시를 탔는데, 나이 지긋한 운전기사가 긴장 풀기의 재주를 보여주었다. 기사는 지독한 교통 체증을 뚫고 요리조리 재빨리 차선을 바꾸며 운전을 하는 와중에도 콜센터에 일일이 응답을 해주었고, 그러면서도 예사스럽지 않은 침착함을 유지했다. 게다가 나와 이런저런 얘기도 나누었다. 그때서야 난 그 기사가 한 손으로 운전을 하면서 다른 손으로는 염주 같은 걸 손에 쥐고 하나씩하나씩 굴리고 있다는 걸 발견했다. 왜 그걸 굴리느냐고 묻자, 염주 알을 굴리고 있으면 마음이 편안해지고 교통 체증에도 별로 짜증이 나지 않는다는 것이다.

나는 순간 아하, 하는 감탄이 절로 나왔다. 사실 염주 알을 굴리는 것처럼 사소하지만 규칙적인 움직임은 보기와 다르게 손가락뿐 아니라 우리 몸의 다른 부분의 긴장도 자연스럽게 풀어주는 효과가 있다. 손에 쥐고 조몰락거릴 수 있게 만든 작은 고무공도 비슷한 효과를 낼 수 있다. 이러한 장난감 같은 상품들이 스트레스를 해소해준 다는 광고를 접한 적이 있을 것이다. 이는 우리 몸의 여러 기관들이 통합되었다는 사실을 보여주는 사례다.

이처럼 언제든 자신이 긴장했다고 생각되면 비슷한 동작들을 해 보기 바란다. 염주 알이 없다면 연필이나 이쑤시개를 2, 3분 정도 천천히 빙글빙글 돌려보라. 아니면 자신의 충동에 따라 다리를 흔들고 손가락을 튕기되, 의식적으로 천천히 그리고 약간 과장된 몸짓으로 해보라. 꼼지락거리는 움직임만으로도 근육을 풀어줄 수 있고 스트레칭 효과도 얻을 수 있다. 잠시 후에 기분이 좋아졌다면, 그건 바로 근육의 긴장이 기분에 영향을 미치고 있었다는 의미다. 주로 불쾌한 느낌을 유발했을 것이다. 아마도 경직 패턴, 즉 몸이 저절로 움츠러드는 경우, 움직임이 일종의 이완효과를 낸다는 사실을 눈치 챘을 것이다. 또한 어떤 근육이든 작은 변화만 주면 그 효과가 널리 퍼져 몸의 다른 부분의 긴장도 감소한다는 사실을 알게 될 것이다.

경미한 긴장을 풀어주는 방법으로는 가벼운 산책도 빼놓을 수 없다. 하지만 걷는 동안 근육 이완에 집중해야 한다. 서성거리고 싶다는 마음이 들었다면 이미 걸을 준비는 된 셈이다. 걷는 동안 근육의 긴장이 풀어지면서 일종의 이완효과를 경험하게 된다. 짧은 산책으로 근육의 긴장이 풀어지고 압박감이 해소되면서 전체적인 몸의 긴장감이 줄어드는 것이다.

근육의 긴장은 주로 우리가 불안하거나 과민할 때 혹은 긴장하고 있을 때 경험하는데, 한편으로는 잠재적인 위험에 대비하는 매우 적응력 있는 현상이다. 활성화된 경직반응을 생각하면 된다. 근육도 경직되지만 동시에 우리 몸은 행동할 준비를 한다. 우리가 만약 선사시대 조상의 몸을 들여다볼 수 있다면, 잠재적인 위험에 반응할 준비를 하느라 몸이 전반적으로 다양한 변화를 일으킨다는 사실을 알 수 있다. 이러한 종류의 각성이 일어나면, 심장은 행동을 취할 몸의 주요 부분에 더 빠르게 혈액을 보내고, 증가한 대사활동에 맞게 산소를 보내느라 호흡이 가빠진다. 또 위급 상황을 위해 연료를 비축하느라 더 많은 혈당이 혈류 속으로 들어간다. 각성을 풀어주는 데 필요한 아드레날린이나 코티솔과 같은 호르몬들이 분비되고, 가장 먼저 신속한 동작을 취해야 하는 손과 발에 땀이 난다. 또 시야를 확보하기 위해 동공도 넓어진다. 실제로 교감신경계와 그 영향권에 있는 모든 부분들이 즉각적으로 활성화되는 것이다.

이러한 변화는 몸 전체에서 일어나는데, 뇌의 각성 시스템에 의해 일찍부터 반응한 노르에피네프린과 도파민과 같은 신경전달물질의 농도가 증가하면서 신경계 전체가 활성화되기 때문이다. 물론 이러한 변화들은 약간의 속도 차이는 있지만 매우 빠르게 일어난다. 긴장자극도 이와 같은 식으로 일어난다. 몸이 반응하는 것과 동시에 우리는 긴장과 불안 혹은 초조함을 느낀다. 이 복잡한 경험이 우리의 기분을 형성하는 것이다. 이처럼 기분은 우리의 몸과 마음 모두에 밀접한 영향을 미친다.

03

결국 기분은 몸과 뇌에 따라 움직인다

　우리가 활력을 느끼거나 긴장감을 느끼면 몸의 많은 부분과 두뇌가 활발히 활동을 시작한다. 대사활동부터 심혈관과 호흡 활성화를 거쳐 두뇌 전반과 신경계에 이르기까지 뚜렷한 변화가 발생하는 것이다. 다시 말해 신체의 어느 한 기관만 작동하는 것이 아니라 몸과 두뇌 전체가 통합적인 패턴으로 작동하여 몸 전체에 각성이 일어나는 것이다. 기분도 각성의 한 부분이다. 왜냐하면 정신과 몸은 별개의 것이 아니기 때문이다. 기분의 근간이라고 할 수 있는 활력자극과 긴장자극은 전체적인 반응이므로, 따라서 각성이 일어난 부분을 콕 집어 말하기는 어렵다. 그 중에서도 각성과 기분에 특히 더 중요한 영향을 미치는 몇몇 부분에 대해 간략하게 알아보자.

혈당과 기분

배가 몹시 고파서 힘이 쭉 빠져본 경험은 누구나 있을 것이다. 그 순간 아마 짜증도 함께 느꼈을 것이다. 특히 부모라면, 아이들이 배고플 때 보이는 반응을 잘 알고 있을 텐데, 아이들만큼 훌륭한 연구 대상은 없다. 식사 때도 아닌데 아이가 끊임없이 보챌 때 짜증난 부모가 취하는 행동은 거의 비슷하다. 달콤한 간식을 쥐어주는 것이다. 일단 아이의 울음을 그치게 하는 데 그만큼 효과적인 게 없다. 달콤한 간식은 혈당 수치를 높여주기 때문에 아이가 울음을 그치는 것도 일면 타당하다.

각성의 기저를 이루는 혈당이라는 연료는 우리의 기분뿐 아니라 식습관을 이해하는 데도 중요한 열쇠다. 혈당 수치가 증가하면 활력을 느끼고 긴장이 감소한다는 사실은 이미 증명되었다. 에든버러 대학의 이안 디어리와 앤 골드, 그리고 데이비드 햅번과 그 동료들은 저혈당증 연구를 통해 혈당과 기분의 관계를 입증한 대표적인 과학자들이다. 저혈당증은 혈액 내 포도당의 양을 적정 수준으로 유지하지 못할 때 일어나는 증상으로, 뇌와 중요한 장기들의 기능이 저하되는 비정상적인 상태를 말한다. 디어리 팀은 정상적인 사람을 대상으로 혈당 수치가 기분에 어떤 영향을 미치는지 실험했다. 이 실험은 블라인드 테스트로 진행되었다. 피험자들에게 혈당 수치를 떨어뜨리는 인슐린을 주입함으로써 몇 시간 동안 인위적으로 혈당 수치를 조절했다. 피험자들은 정상적인 상태에서 시작해 인위적으로 저혈당 상황이 되었다가 다시 정상적인 혈당 수치로 돌아온 것이다.

피험자들 중 무작위로 선정해 일부에게는 인슐린을 투여하고, 일부에게는 플라세보 물질을 투여했다. 따라서 피험자들은 기대치에 따른 반응을 할 수 없었다.

그 효과는 매우 놀라웠다. 실험자들은 인위적으로 저혈당 상태를 만들어서 피험자들의 긴장감을 높이고 활력을 떨어뜨릴 수 있었다. 이 긴장피로 상태는 한 시간 가량 지속되었다. 그다음 혈당 수치를 다시 정상으로 올려놓자 활력과 긴장감이 다시 정상으로 돌아왔다. 이 실험은 생리와 기분의 인과관계를 입증한 매우 훌륭한 케이스로 꼽힌다. 근본적인 생리를 바꾸자(이 실험에서는 혈당 수치의 변화) 기분도 바뀐 것이다. 정상에서 긴장피로 상태로 그리고 다시 정상으로 돌아왔다.

이 실험에서는 활력과 긴장의 중요한 생리학적 관계를 입증한 것 외에도, 활력이 떨어지고 긴장이 고조되었을 때(긴장피로) 당분이 많은 스낵을 찾는 경향이 생기는 이유도 증명한 셈이다. 이러한 경향을 행동적인 측면에서 입증한 증거는 있었지만, 생리학적 측면에서 입증하기란 쉽지 않았다. 혈당은 우리 몸의 연료로써 신체 각성의 여러 바탕이 되지만, 일단 우리가 자극을 받으면 머리부터 발끝까지 몸 전체의 전반적인 시스템이 자동으로 각성 반응을 일으킨다.

자율신경계와 기분

최근에 잔뜩 겁을 먹었던 기억이 있다면 잠시 그때를 떠올려보자.

아마 손에 땀이 나고 입이 바짝 마르며 심장이 고동치는 경험을 했을 것이다. 엄청난 스트레스를 받거나 불안할 때는 말도 잘 나오지 않을 정도로 목이 막히고 온몸에 소름이 돋거나 머리칼이 쭈뼛해진다. 이러한 신체 변화는 마음을 진정시키고 나면 이내 사라진다. 편안한 마음으로 조금 더 지켜보면 이러한 변화가 사라진 후에 다시 정상적으로 소화가 진행되고 있음을 감지할 수 있다.

우리 몸에서 일어나는 이런 다양한 각성과 진정 반응들은 자율신경계와 거기서 뻗어 나온 교감신경과 부교감신경의 활성화와 관련이 있다. 교감신경은 활력을 만들고 동원하고 소비하는 반면, 부교감신경은 활력을 보존하는 일과 관련이 있다. 우리가 활동하고 움직일 때 혹은 겁을 먹었을 때처럼 활력과 긴장을 모두 느낄 때는 교감신경계가 활성화된다.

우리 몸의 다른 여러 부분들이 교감신경계의 활성화에 영향을 받는데 호흡과 심박, 혈관 운동, 혈압, 탄수화물과 지방산의 대사를 비롯해 땀샘 활동도 교감신경의 영향을 받는다. 교감신경의 활성화로 영향을 받는 부분들을 보면 알 수 있듯이 교감신경은 우리 몸에 가해진 자극에 대응하는 매우 중요한 기본 시스템이다. 반면 부교감신경계의 활성화는 교감신경계의 활동을 전반적으로 상쇄한다. 두 시스템은 보통 동시에 작동하는데, 이 두 시스템의 관계가 신체의 각성 수준을 결정한다. 부교감신경의 효과는 매우 다양하다. 심박수를 낮추고 소화기 계통을 활성화시키는 것도 부교감신경의 효과다. 부교감신경이 우세한 상태에서 활성화되는 신체의 기능들은 활력이 높고 긴장감이 낮은 시간대에 일어나는 기능들과 같다. 활력이 보존

되고 회복되는 시간대와도 일치한다.

하버드 의대 교수 J. 앨런 홉슨은 자신의 저서 《의식 상태의 화학작용 The Chemistry of Conscious States》에서 자율신경계는 활력과 기분 그리고 건강의 열쇠라고 주장했다. 그는 교감신경은 우리에게 활력을 소모하기를 요구하며 이는 곧 '회귀적 각성' 또는 '활력 발전'이라고 지적했다. 이러한 효과는 노르에피네프린과 같은 아민(amine) 분자들을 통해서 일어난다. 한편 부교감신경은 '영양 보존적 각성' 또는 '활력 보존'이라고 할 수 있다. 이는 또 다른 신경전달물질인 아세틸콜린을 통해 진정 효과를 발휘한다. 홉슨은 "우리의 뇌 안에서 아민성 시스템과 콜린성 시스템의 역할 분담은 우리 몸 안에서 일어나는 아민과 아세틸콜린의 역할 분담과 쌍을 이룬다"고 주장한다.

홉슨은 특히 렘(REM) 수면에 초점을 맞춰, 우울증도 일종의 활력 장애이며 수면장애의 영향을 받는다고 주장했다. 이를테면 그는 우울한 사람들이 잠을 잘 못자고 종종 피곤함을 호소한다는 점을 지적했다. 어쨌든 우울한 사람들은 너무 피곤해서 운동도 하지 못한다. 홉슨은 우울증에 관한 이런 개념을 건강과 면역계의 기능과도 연결시킨다. 이제 각성에 영향을 미치는 신경화학에 대해 살펴보자.

호르몬과 기분

자율신경계가 단기간에 우리 몸 전체의 생리적 반응을 빠르게 일으키는 데 반해, 혈류를 타고 서서히 순환하는 호르몬의 영향은 보다 오래 지속된다. 앞서 우리는 저혈당증과 혈당 수치의 변화에 관한 사례에서 인슐린의 효과를 확인했다. 그러나 인슐린뿐 아니라 다른 호르몬도 우리의 기분과 관련이 있다. 흔히 스트레스 호르몬이라고 불리는 것들이 그 예다. 어떤 호르몬들의 결핍은 특히 더 기분에 문제를 일으킨다. 이미 확인된 많은 호르몬들의 효과에 대해 새삼 다룰 필요는 없지만, 널리 알려진 호르몬 효과에 대해서 간략하게 살펴보자.

아드레날린과 코티솔은 스트레스 호르몬이라고 불리기도 하는데, 이 두 호르몬은 우리 몸의 각성 반응에 영향을 미친다. 하지만 그 효과는 전혀 다르게 나타난다. 네브래스카 대학의 리처드 딘스비어는 각성의 두 가지 시스템을 정의했는데, 그는 이 두 가지 시스템이 각각 활력자극 및 긴장자극과 유사하다고 생각했다. 이 두 가지의 각성 시스템이 행동에 있어서 다른 기능과 다른 효과를 낸다는 사실을 확인한 것이다.

딘스비어가 정의한 바에 따르면, 활력자극과 관련이 있는 각성 시스템은 부신수질에 영향을 미쳐 아드레날린을 분비하게 해주는 교감신경이고, 긴장자극과 관련이 있는 다른 하나의 각성 시스템은 코티솔 분비와 관련이 있는 시상하부다. 첫 번째 각성 시스템이 활력자극과 관련이 있는 이유 중 하나는 아드레날린의 효과 때문이다. 딘스비어가 주장하듯 아드레날린은 규칙적인 운동의 효과를 높여준다. 이는 활력자극의 대표적인 특징이다.

반면 두 번째 각성 시스템은 긴장감의 바탕을 이루는 것처럼 보인다. 이 각성 시스템은 스트레스를 받거나 위급한 상황에 처했을 때 활성화된다. 이 시스템은 뇌의 기저에 위치한 완두콩 크기만 한 뇌하수체의 시상하부 자극과 관련이 있다. 뇌하수체는 부신피질 자극 호르몬의 분비에 영향을 미치며, 이 호르몬은 다시 부신의 한 부분인 부신피질에 영향을 미친다. 이런 식으로 코티솔이 분비된다.

코티솔은 식욕과 과식에 중요한 역할을 담당한다. 예를 들어 미국 국립보건원의 연구원이자 의사인 파멜라 피크는 자신의 저서에서 만성적인 스트레스는 코티솔의 분비를 증가시키고, 이는 다시 몸 안에 저장된 혈당의 소비를 촉진한다고 주장했다. 결과적으로 사람들은 부족한 혈당을 보충하기 위해 먹는다. 이렇게 혈당 수준에 영향을 미치기 때문에 코티솔을 '글루코코티코이드'라고 부르기도 한다. 논리적으로도 충분히 이해가 될 뿐 아니라 이를 뒷받침하는 연구도 많다.

코티솔의 광범위한 반응을 알면 기분을 더 잘 이해할 수 있다. 왜냐하면 긴장피로가 바탕인 우울증을 앓고 있는 사람들에게서는 코티솔 분비량이 비정상적으로 나타나기 때문이다. 우울증 환자의 40~60퍼센트 정도에서 코티솔 과다 분비가 확인되었다. 많은 학자들이 '시상하부-뇌하수체-부신' 시스템의 조절장애는 기분장애를 나타내는 생물학적 지표라고 믿는다.

우울증과 관련한 정신장애와 연관이 있는 호르몬은 이외에도 더 있다. 이를테면 호르몬 대체 요법, 특히 에스트로겐 요법이 폐경기 여성들의 우울증을 감소한다는 연구 결과가 그것이다. 갑상선 호르몬의 감소도 우울증과 관련이 있는데, 에스트로겐 요법의 결과 호르몬 반응이 향상되었다. 우울증과 같은 기분과 호르몬의 관계를 완전히 밝히지는 못했지만, 호르몬이 중요한 것만은 사실이다. 우울증을 앓고 있는 사람이라면 호르몬과 같은 생리적 이상이 있는지 확인하기 위해서라도 철저한 건강검진을 받아야 한다.

건강 관련 라디오 프로그램 진행자로도 널리 알려진 의사 로널드 호프먼은 나쁜 식습관과 호르몬 그리고 기분이 상호작용해 각성의 수준을 변화시킨다고 주장한다. 《인텔리전트 메디신Intelligent Medicine》에서 호프먼은 과도한 당분 섭취는 혈당 수치를 급격히 늘리고, 늘어난 혈당을 줄이기 위해 체내 인슐린 수치도 급격히 상승한다고 지적한다. 반대로 우리 몸과 뇌의 중요한 에너지원인 혈당이 과도하게 줄어들면 부신 호르몬이 분비되면서 다시 혈당수치를 늘린다. 호프먼은 롤러코스터처럼 오르락내리락하는 당분의 수준 덕분에 기분도 널뛰듯 달라진다고 말한다. 호프먼의 묘사만 봐도 호르몬이 기분에 얼마나 막대한 영향을 미치는지 알 수 있지만, 앞서 살펴보았듯이 이런 영향이 상호적 과정이라는 사실 또한 분명하다. 과도한 당분 소비가 우리의 기분에 영향을 끼치는 것처럼, 반대로 기분 또한 가능한 가장 빠른 방법으로 우리 몸을 회복시키기 위해 더 많은 당분을 섭취하게 만든다. 활력과 긴장감 수준이 달라져도 이런 기분을 경험할 수 있다.

화학적 불균형

우울증과 같은 심각한 정신질환을 '화학적 불균형(chemical

imbalance)'이라고도 표현한다. 이를테면 "그 사람을 탓하지 마세요, 화학적 불균형 때문에 그런 거니까요"라는 식의 표현처럼 말이다. 그렇더라도 실제로 우울증이나 공황장애, 주의력 결핍 등 심각한 정신장애를 생화학적 기반에서 이해하기는 쉽지 않다. 하지만 분명히 우리의 행동과 생각 그리고 감정들은 우리 몸의 생화학 반응으로도 설명할 수 있다. 기분도 물론 예외가 아니다.

심리학자들은 한때 서로 연결된 뉴런들이 몸과 뇌의 곳곳에서 일어나는 충동들을 직접 전달한다고 믿었다. 그리고 이런 뉴런들이 마치 집 안의 전선들처럼 인간의 지적 기능의 기본을 이룬다고 생각했다. 그러나 최근 들어 엄청난 종류의 신경화학물질 기능에 대한 중요한 발견들이 이어졌다. 이 물질들은 세포체에서 분비되고 재흡수되면서, 이른바 시냅스 간극이라고 알려진 뉴런과 뉴런 사이의 소통과 조절을 가능하게 한다. 이 물질들 가운데 노르에피네프린, 도파민, 아세틸콜린, 세로토닌과 같은 물질을 신경전달물질이라고 한다. 테스토스테론, 에스트로겐은 스테로이드 호르몬이라고 하며, 엔도르핀, 엔케팔린은 펩티드라고 부른다. 이 물질들은 생화학적 사건의 전체적 흐름으로 작용하며 우리의 기분도 그 총체적 작용 안에서 형성된다. 실제로 우울증과 같은 많은 임상적 질병들과 프로작 등의 약물들은 이런 물질들을 증가시키거나 줄이는 효과를 통해 우리 몸 전체의 소통에 영향을 준다.

지난 10여 년간 우리의 뇌와 몸의 소통은 급격하게 발전했다. 이를 바탕으로 뇌가 이러한 신경화학물질의 활동을 통해 작동한다는 사실과 우리 몸 전체에 퍼져 있는 신경화학물질의 수용체들에 의해 그 기능이 작동한다는 사실이 점점 더 명확해지고 있다. 유명한 신경과학자 캔디스 퍼트는 이렇게 말한다. "세포가 모든 생명을 움직이는 엔진이라면 수용체들은 엔진의 제어판에 있는 버튼이며, 특정한 펩티드는 그 버튼을 눌러서 시동을 걸어주는 손가락이다."

퍼트는 저서 《감정의 분자Molecules of Emotion》를 통해 우연한 매개자로서 두뇌의 여러 구조들에만 초점을 맞춘 이전의 '감정 지도(기분 지도)'를 확장해야 한다고 주장했다. 그녀는 우리 몸 곳곳에 있는 정보 물질의 수용체들이 심신일체(bodymind) 현상과 같은 감정을 만든다고 주장한다. 다시 말해 감정은 뇌에서만 비롯되는 게 아니라, 우리 몸의 나머지 부분들에 있는 엄청난 양의 수용체 작용으로 활성화된다는 것이다. 훌륭한 과학적 증거들을 종합해서 그녀는 뇌가 감정의 독단적인 발원지라는 정의를 바꿔야 한다고 주장한다. 즉, 감정은 뇌와 몸의 다양한 기관의 상호작용을 통해 발생한다는 것이다. 이러한 관점은 기분이 몸 전체의 현상이며 신체의 각성을 통해 발현된다는 나의 견해와 일치한다. 또한 골격근의 이완과 운동 또는 몸에 영향을 미치는 다양한 방법들로 기분이 조절된다는 개념과도 일치한다.

세로토닌의 힘

세로토닌은 대중적으로 가장 화제가 되고 있는 새로운 신경화학물질이다. 사회적 지위에서 행복과 다이어트까지 삶의 거의 모든 요소에 이 신경전달물질을 연결시킨 광고들 덕분에 세로토닌에 대해 모르는 사람이 없을 정도다. 세로토닌은 프로작이라는 놀라운 약품의 발견과 더불어 대중의 관심을 받기 시작했다. 일명 선택적 세로토닌 재흡수 억제제(SSRI)로 알려진 프로작은(졸로프트나 팍실 등이 뒤이어 출시되었다) 세로토닌에 직접 작용하는데, 바로 이 물질이 우리의 기분에 영향을 미친다는 사실이 입증된 것이다. 대중매체들은 이 물질의 놀라운 효과에 흥분했다. 마침내 우울증의 해법이 발견된 것이다. 이 새로운 항우울제는 기존의 약품이나 치료법이 가진 부작용들을 최종적으로 제거할 수 있다고 알려졌다. 세로토닌의 효과는 우울증에만 국한된 것이 아니었다. 강박장애, 폭력 충동, 월경 전 증후군, 계절성 정서장애뿐 아니라 심지어 문제아동들에게도 효과가 있다는 보고가 잇따랐다.

전 세계 수백만 명의 우울증 환자들뿐 아니라 다양한 정신장애를 가진 사람들이 프로작을 비롯해 세로토닌에 작용하는 다른 유사 약품들을 복용했다. 이 약물들은 탁월한 항우울 효과를 주는 것처럼 보였다. 하지만 이것들은 절대 과대평가되어서 안 되는 약물들이었다. 정통성 있는 한 연구에서는 우울증 환자의 60퍼센트 가량이 프로작으로 효과를 보았지만, 약 40퍼센트는 플라세보 약물로도 증세가 개선되었다. 일부 과학자들은 항우울제는 약 25퍼센트 정도만이 효험이 있다고 주장했고, 한 발 더 나아가 이러한 약물들이 장기적인 측면에서는 기존의 심리요법보다 특별히 나을 게 없다는 논쟁까지 불거졌다.

프로작 종류의 약물들이 기분에 미치는 긍정적 영향과 세로토닌의 효과는 이 신경전달물질이 활력자극에 중요한 역할을 한다는 사실을 입증했다. 활력자극은 의식이 깨어 있는 상태의 바탕이다. 따라서 깨어 있는 동안 우리 뇌의 세로토닌 촉진성 뉴런들은 활발하게 작동한다. 운동이 활력을 높이는 이유도 세로토닌을 증가시키기 때문이다. 또다시 운동이 기분에 얼마나 강력한 영향을 미치는지 확인한 셈이다.

이외에도 세로토닌과 관련한 흥미로운 관계들은 상당히 많다. 그리고 이들은 모두 활력자극과 관계가 있다. 세로토닌은 폭력성과 충동적 행동을 줄여주고 부정적 감정을 없애준다. 앞서 보았듯이 활력이 높으면 부정적인 감정인 긴장감이 감소된다. 또 하나는 펜펜(fen-phen, 식욕 억제와 열량 소비 촉진을 통해 살을 빼는 약 - 옮긴이)의 효과로도 입증되었듯이, 세로토닌이 과식을 억제한다는 점이다. 활력을 높임으로써 긴장을 줄이고 과식을 방지하는 것이다. 이미 여러 번 강조했지만, 이는 운동으로 기분을 조절해서 얻는 효과와 같다. 이처럼 적당한 운동으로 활력이 높아지면 긴장감도 감소하고 과식도 방지할 수 있다.

노르에피네프린과 도파민

노르에피네프린과 도파민도 기분 연구의 역사에서 빼놓을 수 없는 중요한 신경전달물질이다. 예를 들어 노르에피네프린은 운동의 효과들을 포함해 활동적인 컨디션과 밀접한 관련이 있다. 마찬가지로 이 카테콜아민 종류의 호르몬은 각성이 일어났을 때와 스트레스를 받을 때도 분비된다. 흥분제와 같은 약물도 이 호르몬과 관련이 있다. 초기에는 카테콜아민에 초점을 맞춰 우울증을 이해했다. 뇌의 중요한 수용체에 노르에피네프린이 부족할 때 우울증이 생긴다는 것이다. 이 이론만으로는 우울증을 완벽히 이해할 수 없지만, 전혀 가능성이 없는 주장은 아니다. 일부 항우울제들은 노르에피네프린의 분비량을 늘려서 효과를 낸다고 여겨지기도 한다.

노르에피네프린과 사촌지간이라고 할 수 있는 도파민도 활력자극과 관련이 있다. 여러 가지 측면에서 도파민도 기분에 중요한 영향을 미칠 가능성이 있다. 도파민이 기분에 중요한 의미를 가진다는 증거는, 이 아민 종류의 호르몬으로 활성화된 뉴런들이 뇌간 망양체의 가장 중요한 부분에서 보인다는 점이다. 뇌간은 신체 각성에 중요한 부분이다. 도파민은 다양한 종류의 운동 행동과 24시간 주기 리듬에 중요한 영향을 미친다.

조금 다른 측면에서 보면, 도파민으로 활성화되는 시스템은 코카인이나 자극제를 통한 즐거움과도 관련이 있다. 이는 동물의 전극주입 실험으로도 입증되었다. 일반적으로 도파민은 긍정적인 감정들의 바탕이 된다고 볼 수 있다. 그러나 불안과 스트레스와 관련한 뇌의 반응에도 중요한 영향을 미칠 수 있다. 이러한 이중적인 특징 때문에 도파민은 활력자극과 긴장자극 모두와 관련이 있다.

엔도르핀

엔도르핀 역시 매우 흥미로운 신경화학물질의 일종으로, 대중에게도 널리 알려져 있다. 엔도르핀은 특히 운동 후의 기분과 관련해 인기를 누렸다. 헤로인이나 모르핀 혹은 코데인 같은 아편성 약제의 효능처럼 엔도르핀도 스트레스를 감소시키고 극단적인 상황에서는 즐거움을 선사한다고 알려져 있다. 엔도르핀이라는 이름 역시 '내인성 모르핀'이라는 의미를 담고 있다. 그러나 현재까지 밝혀진 엔도르핀에 관한 과학적 증거는 우리가 알고 있는 인기와 부합하지 않는다. 엔도르핀이 우리가 매일 느끼는 기분과 매우 밀접한 관계가 있다는 증거는 미흡하다. 그보다는 앞서 말한 것처럼 긍정적 기분에는 생리적 이유가 더 크다.

강도 높은 운동에서 우리가 얻는 즐거운 느낌은 엔도르핀과 관련이 있을 수도 있지만, 여기에도 이견이 있다. 게다가 적당한 운동에서 얻는 즐거움이 엔도르핀에서 비롯된다는 증거는 거의 없다고 볼 수 있다. 그렇다면 운동과 엔도르핀에 대해 우리는 어떤 말을 할 수 있을까? 지금까지 밝혀진 근거들로 볼 때, 운동이 주는 즐거움에서 엔도르핀의 역할을 완전히 배제할 수는 없다.

신체와 뇌의 관계에 대한 다양한 사례에서 보듯, 기분은 매우 복잡한 시스템과 기능들로 얽혀 있다. 우리 몸의 각성과 관련해 반드시 짚고 넘어가야 할 부분이 바로 뇌다. 1990년대는 뇌의 시대였다고 해도 과언이 아니다. 과학자들은 우리 몸에 다양한 방식으로 지

시를 내리는 이 놀라운 기관에 관한 연구에 잔뜩 고무되어 있었다.

다음 장에서는 우리의 기분을 책임지는 뇌의 구조에 대해 알아보자.

Good Mood

수분이 부족하면 기분이 나쁘다

수분이 부족하면 우리 기분도 균형을 잃는다. 특히 혈액의 흐름과 운반기능이 저하되어 영양소가 뇌와 근육에 신속하게 공급되지 못한다. 또한 몸의 노폐물과 독소 제거에도 방해가 된다. 그 결과 긴장상태, 두통, 편두통이 나타나거나 신경질적으로 변한다. 따라서 수시로 물을 자주 마시는 것이 좋다. 특히 기상 후 공복에 마시는 물은 혈액순환에 큰 도움이 된다.

04
기분을 책임지는 뇌의 구조

망상 활성계(망양체)

과학자들은 여전히 뇌 안에서 기분을 주관하는 정확한 위치를 찾으려고 애쓴다. 하지만 기분으로써 우리가 경험하는 감정에서 중요한 역할을 할 가능성이 큰 부분이 어딘지는 밝혀졌다. 감정에서도 각성 메커니즘이 특히 중요한데, 가장 널리 알려진 각성 시스템은 망상 활성계 혹은 망양체라고 일컫는 부분이다. 망상 활성계는 뇌의 아래쪽에 위치한 뉴런들의 망상 조직이다. 그리고 망상 활성계가 각성에 미치는 영향력은 뇌의 상층부뿐 아니라 신체의 나머지 부분까지도 이른다. 운동을 하면 몸 전체가 각성되는데, 망상 활성계는 이런 각성 패턴의 중요한 부분을 담당한다. 망상 활성계는 자극을 다양한 방식으로 증폭시키기 위해 우리 몸 전체로 신호를 보낸다.

본래 망상 활성계는 각성, 경계, 주의력 등을 조절한다고 알려졌지만, 이후 연구에서는 근육계와 작업 능력 전반에도 영향을 미친다는 사실이 드러났다. 호흡과 심장 기능을 조절하는 데도 관여하며 다양한 자율신경계의 활성화를 조정한다고도 알려졌다. 망상 활성계의 내부에 있는 세포 다발들에서 각성의 기저를 이루는 신경전달물질인 세로토닌과 노르에피네프린 그리고 도파민이 생산된다. 이 물질들은 모두 기분의 중요한 기반인 활력자극과 관련이 있다. 망상 활성계는 긴장자극과도 관계가 있을 가능성이 있지만, 활력자극과 관련한 기능이 특히 더 두드러진다.

변연계

기분과 관련이 있다고 여겨지는 뇌의 또 하나의 중요한 부분은 변연계다. 변연계는 시상하부, 해마, 편도체 등과 상호 연결된 조직으로 뇌의 대뇌피질 바로 아래에 위치한다. 변연계는 자율신경계와 체강(體腔) 같은 몸의 중요한 여러 가지 기능에 영향을 미친다. 인간의 몸에서 가장 진화된 부분인 대뇌피질에도 영향을 미친다. 신경심리학자들은 변연계가 인간의 '의욕적인' 행동 네 가지를 조절한다고 농담처럼 말하곤 한다. 도주, 감정, 싸움 그리고 섹스다. 감정적 행동, 특히 긴장자극의 상당 부분을 차지하는 공포 반응들과 관련한 행동에 변연계가 중요한 영향을 미친다는 연구도 많다. 공포와 불안은 전전두피질(prefrontal cortex)과 시상하부의 내분비 연결부를 포함한 뇌의 여러 부분의 영향을 받지만, 전반적으로는 변연계와 관련이 있다.

조셉 르두는 자신의 저서 《감정적인 뇌The Emotional Brain》에서 변연계에 관한 한 차원 높은 견해를 서술했다. 이 책에서 그는 편도체의 특별한 역할을 설명했는데, 변연계 중에서도 편도체가 감정적 행동, 특히 공포와 관련한 행동을 조종하는 데 결정적인 영향을 미친다고 주장한다. 공포가 긴장자극의 중요한 부분이라는 점에서 르두의 주장은 매우 의의가 있다. 그는 중요한 각성 시스템은 뇌의 비특이성 활성화를 꽤 많이 일으키지만, 공포와 관련된 자극들의 효과는 전두엽 가까이 있는 아세틸콜린성 시스템과 편도체 사이의 상호작용에 의존한다고 말한다. 즉각적인 공포 반응들은 편도체의 활성화에 따라 좌우된다. 또한 위험을 해석하는 데 중요한 기억 작업도 수행한다. 그러나 르두의 주장에 따르면, 지속된 공포의 감정은 각성 시스템의 활성화뿐 아니라 이 자극을 몸의 다른 부분으로 전달하는 피드백 과정도 필요로 한다. 지속적인 공포는 기분과 비슷하다.

활력과 긴장에 뇌의 여러 부분이 영향을 미칠 가능성을 감안하면 망상 활성계가 활력자극을, 변연계가 긴장자극을 조종한다는 주장은 지나치게 단순하다. 하지만 이 두 개의 뇌 구조가 가장 중요한 두 자극에 영향을 미치는 것은 분명하다. 망상 활성계는 활력자극과, 변연계는 긴장자극과 관련이 있다.

대뇌피질

　대뇌피질은 주름지고 깊은 홈이 있는 세포들의 얇은 막이다. 대뇌피질을 편평하게 펼친다면 2,200제곱센티미터에 달한다. 대뇌피질은 뇌 속의 원시적인 구조들을 감싸고 있다. 한동안 우리는 대뇌피질이 생각을 비롯한 인간의 발달된 기능을 관장하며, 진화론적 측면에서도 가장 최근에 진화한 것으로 알고 있었다. 그러나 지금은 대뇌피질이 기분에도 중요한 역할을 한다는 사실이 명백해졌다. 대상이나 사건에 대한 우리의 생각에 영향을 미친다기보다 오히려 직접적으로 영향을 미친다. 대뇌피질이 기분에 미치는 영향이 입증된 것은 불과 몇 년 전이다. 뇌졸중 환자들을 관찰하던 의사들이 어떤 유형의 뇌졸중은 환자들에게 우울증을 유발한다는 사실을 확인했다. 뇌의 손상 부위가 좌반구의 피질 앞부분에 집중된 경우 우울증의 정도는 더욱 심했다. 마치 대뇌피질의 특정한 영역이 기분, 특히 우울증과 관련된 것처럼 보인 것이다.

　과학자들은 전자 감지기를 이용해서 감정적 활동이 일어날 때 대뇌피질에서 전기적 활성이 일어나는 부분이 어디인지, 또 특정한 활성의 패턴이 사람들의 기분과 관련이 있는지 살펴보았다. 피질의 좌측, 즉 좌뇌의 활성화가 감소하면 우뇌 치우침 현상을 초래했다. 그렇게 따지면 좌측 피질의 손상은 결과적으로 우측 피질을 상당 부분 활성화시킨다. 왜냐하면 정상적인 상태에서 양쪽 피질은 서로 균형을 이루기 때문이다. 반대로 좌뇌 치우침은 중립적 감정 혹은 긍정적 감정들과 관련이 있다. 흥미롭게도 이는 우리 뇌가 긍정적인 기분과 부정적인 기분의 원인일 수도 있다는 사실을 암시하는 것이다. 양쪽 뇌가 균형을 이루듯, 이 두 종류의 기분도 서로 균형을 맞춘다는 의미로 볼 수도 있다.

그렇다면 대뇌피질은 어떻게 작동할까? 네이든 폭스와 리처드 데이비드슨, 앤드류 토마르켄을 비롯한 여러 학자들은 뇌의 분화에 관한 흥미로운 모델을 주장했는데, 이른바 접근 성향들은 좌뇌 비대칭으로 일어나고, 기피 혹은 위축 성향들은 우뇌 비대칭으로 일어난다는 것이다. 이들의 주장에 따르면, 접근 성향들은 가끔 생물학자들이 말하는 '왕성한 욕구' 혹은 '보상 동기'와 관련이 있다. 보상이나 긍정적 자극에 특히 더 반응하는 동물들은 강력한 '접근 성향' 혹은 '욕구 성향'을 가진다고 설명한다. 반면, 우측 전두 피질의 활성화는 '방어 성향'이나 '보호 성향'과 관련이 있다.

행동의 방어와 욕구 패턴의 본질이 활력자극과 긴장자극과 강력하게 일치한다는 사실을 알 수 있다. 활력을 느끼면 접근 성향이 자극되는 반면, 긴장감을 느끼면 기피, 위축, 경계 혹은 억제 성향이 자극된다. 즉 활력을 느낄 때는 추진력이 생기고 활동도 하고 싶어진다. 앞서 말했듯이 활력은 '진행 시스템'이다. 그러나 긴장감을 느낄 때는 접근하고 싶은 욕구가 일어나지 않는다. 대신 이때 기분은 행동하기 전에 멈추고 상황을 살피라는 메시지를 전달한다. 경계와 억제는 '정지 시스템'의 일종인 셈이다.

앞서 예로든 우리 조상의 경우 그녀가 위협적인 소리를 들었을 때 경험한 경직반응과 긴장감은 그녀를 멈추게 했고, 더 경계하고 조심하게 만들었을 것이다. 이 경우 처음부터 동굴을 향해 달리거나 방어 행동을 적극적으로 하는 접근 성향은 발휘될 수 없다. 그녀의 최초 반응은 경직된 상태로 멈춰 서서 포식자의 눈길을 피하는 것이었다. 더 넓게 생각하면, 정지와 진행 시스템이 서로 균형을 맞춘다고 볼 수 있다. 긴장과 유사한 정지 시스템이 활력과 유사한 진행 시스템과 균형을 맞추는 것이다. 물론 이 두 시스템의 균형도 대뇌피질의 양쪽 뇌 사이의 균형에서 비롯되었을 수 있다.

결론적으로 보면 대뇌피질이 기분에 중요한 역할을 한다는 사실은 분명하다. 앞서 살펴본 대로 생각과 기분이 밀접하게 연결되어 있고, 그 관계는 생각보다 훨씬 더 생리학적 원리들에 바탕을 두기 때문이다. 물론 쉽게 단정하기에 앞서 대뇌피질과 뇌의 하부 구조들 사이에 복잡한 상호작용이 있다는 사실을 간과해서는 안 된다. 망상활성계와 변연계의 활력자극과 긴장자극도 분명히 대뇌피질의 기능과 상호작용한다. 또한 뇌의 모든 작용들은 우리 몸 전체에서 작동하는 생화학적 전달 체계로 인해 가능하다.

이제 기분과 각성을 뒷받침하는 몸과 뇌의 작용이 서로 끊임없는 연관성을 가진다는 하나의 큰 그림이 완성되었다. 활력자극과 긴장자극 혹은 긍정적 기분과 부정적 기분은 매우 전체적인 시스템이다. 우리 몸의 바탕이 되는 생리적 작용을 통해 발생하며, 생물학적으로도 명백히 유리한 시스템이다. 기분은 우리 몸의 전반적인 기능을 알려주는 신호 체계다. 즉, 건강한지 아픈지, 위험한지 안전한지를 알려준다. 또한 우리는 기분을 통해 최적의 반응 시간대와 최악의 반응 시간대도 알 수 있다. 음식을 먹느냐 안 먹느냐, 운동을 하느냐 마느냐도 결국 기분이 좌우한다.

Mood Cafe

생각을 바꾸면 기분도 바뀔까?

생각을 조절해서 기분을 바꿀 수 있느냐는 질문을 자주 받는다. 그때마다 나는 조건부로 가능하다고 답한다. 이론적으로는 얼마든지 가능하기 때문이다. 우리 몸의 여러 체계는 완전히 통합적이고 전체적인 방식으로 작동한다. 두뇌는 신체의 동의 없이는 작동할 수 없고 그 반대의 경우도 마찬가지다. 앞서 언급한 대로 기분이 생각에 영향을 미칠 뿐 아니라 생각도 기분에 영향을 미친다는 것도 이런 일치를 입증하는 좋은 예다. 하지만 생각만으로 기분을 조절하는 것은 말처럼 쉽지 않다. 특히 우울증과 같은 극단적인 기분 상태인 경우에는 생각을 바꾼다고 해서 '신속한 탈출'을 장담할 수 없다. 그러나 인식을 통해 기분을 조절한다는 긍정적인 증거와 인지요법으로 우울증을 치료한다는 증거들이 제법 많다.

나의 연구 역시 대부분의 사람들이 기분을 조절하기 위해 '인식'을 활용한다는 사실을 분명히 보여준다. 즉, 생각을 바꾸려고 한다는 사실이다. 한 여론조사에서도 생각을 바꾸는 것이 가장 효과적인 전략이라는 사실이 밝혀졌다. 성인의 경우 나쁜 기분이 들면 반 이상이 긍정적으로 생각하려고 노력하거나, 다른 무언가에 집중한다. 또 스스로에게 격려가 되는 말을 하기도 한다. 이러한 인식적인 기술은 기분을 바꾸는 데 꽤 효율적이다.

 또 한 가지 흥미로운 발견은 남성이 여성보다 이러한 인식적인 방식을 더 자주 이용한다는 점이다. 그러나 이러한 차이가 생기는 이유는 분명하게 밝혀지지 않았다. 어쩌면 남자들이 깊이 고민하는 것을 싫어해서 외려 우울증을 탈출하기 쉬울 수도 있다. 미시건 대학의 수전 혹스마를 비롯하여 일부 과학자들은 문제에 대해 심사숙고하는 경향 때문에 여성이 우울증에 빠질 확률이 남성에 비해 두 배나 높다고 주장한다. 여자들이 완전히 압도당할 때까지 문제를 고심하는 반면, 남자들은 취미활동과 같은 다양한 방식으로 주의를 다른 곳으로 돌리는 경향이 많기 때문이다.

 그렇다고 남자가 여자보다 우울증과 부정적인 기분을 잘 극복하는 것은 아니다. 우리가 발견한 바에 따르면, 전문직에 종사하는 여자들도 남자들 못지않게 생각을 바꾸는 등의 적극적인 방식을 이용한다. 남성은 부정적인 기분을 바꾸기 위해 여성보다 약물이나 알코올을 이용할 가능성이 현저히 높다. 우울증에 빠질 확률은 여성이 남성보다 두 배나 높지만, 알코올 중독에 빠질 확률은 남성이 여성보다 세 배나 높다. 물론 이때 알코올은 부정적 기분을 개선하는 일종의 방법으로 이용되었을 것이다.

Good Mood 6

좋은 기분을 위한 실천 5계명

삶의 속도는 점점 더 빨라진다. 많은 사람들이 스트레스를 호소하고, 이로 인해 우리들의 총체적인 기분은 더욱더 악화되고 있다. 그렇다면 우리는 비만이나 운동 기피, 우울증과 같은 부정적인 결과에 굴복할 수밖에 없을까? 아니면 적극적으로 우리의 기분을 변화시켜 그 모든 것으로부터 탈피할 수 있을까? 보다 행복한 삶을 원한다면 우리는 당연히 노력해야 한다. 좋은 기분이 곧 행복의 열쇠이기 때문이다.

Good Mood

01
나만의 활력 일주기를 관찰하라

기분의 변화를 관찰하려면 우선 하루 동안 자신의 활력이 어떻게 변화하는지를 살펴보는 것부터 시작하자. 보통 사람들의 활력은 아침에 일어날 때는 낮았다가 서서히 증가하면서 늦은 아침이나 이른 오후에 최고점에 이른다. 그리고 늦은 오후로 갈수록 활력은 다시 떨어지고 잠들기 바로 전, 늦은 밤이 되면 하루 중 가장 낮은 상태로 떨어진다. 이것이 활력의 전형적인 일주기다. 물론 개인차가 크기 때문에 면밀한 자기관찰이 필요하다. 몇 년 동안 여러 사람의 일주기를 관찰한 결과, 하루 중 최고의 활력을 느끼는 시간대가 아침인 경우(아침형 인간)와 오후나 저녁인 경우(저녁형 인간)로 나뉘진다는 사실을 발견했다. 활력이 높거나 낮은 시간대는 매일 거의 비슷하다. 물론 특정한 상황이나 사건에 따라 달라지기는 하지만 평일 늦은 밤에는 예외 없이 활력이 떨어진다.

기분 다이어리를 활용하라

　활력 일주기를 통해서 우리는 하루 중 활력이 떨어지는 시간대를 예측할 수 있다. 활력이 떨어지는 시간대에는 대부분의 사람들이 특히 더 간식을 먹고 싶어하고 식탐도 커진다. 심하게는 운동의 '운'자만 들어도 몸이 힘들게 느껴지는데, 운동을 하겠다고 아무리 굳게 결심해도 결국 피로에 굴복하고 만다. 당연히 활력이 낮은 시간대에는 운동을 피하는 게 좋다. 이처럼 자신의 활력 일주기를 잘 파악하면, 왜 번번이 다이어트에 실패했는지를 깨달을 수 있다. 더불어 과식의 대안을 찾을 수도 있으며, 운동을 꾸준히 할 수 있는 자신만의 황금 시간대를 찾을 수도 있다.

　보다 효과적인 활력 관리를 위해서 나는 기분 다이어리를 적극 추천한다. 다이어리를 한 권 옆에 두고 한 시간 단위로 자신의 활력과 긴장감을 기록한다. 간단한 표를 만들어서 기록해도 좋다. 아침에 눈을 떴을 때부터 잠들기 전까지 한 시간에 한 번씩 기록한다. 중요한 것은 반드시 하루 종일 체크해야 한다는 점이다. 체크하고 기록하는 시간은 모두 합해야 한 시간도 채 걸리지 않지만, 온종일 의식해야 한다는 게 조금 힘들 것이다. 그럴 때는 시간마다 알람을 설정해놓는 것도 좋은 방법이다. 우선 가장 평범한 날 하루를 정해서 늘 하던 대로 같은 시간에 일어나고 같은 시간에 자도록 한다. 그리고 이틀 정도 더 정해서 같은 방법으로 활력과 긴장감을 체크하고 기록한다. 뜻밖의 사건이 일어나서 다른 날보다 더 불안하거나 흥분이 되는 날에는 기록하지 않는다. 3일에 걸쳐 측정한 자신의 평균적인 활력과 긴장감을 그래프로 나타내보자. 이것이 바로 나만의 활력 일주기다.

이렇게 만든 그래프를 보면, 특별히 과식을 조심해야 할 시간대가 눈에 보인다. 이런 시간대가 하루 종일 지속되는 것은 아니지만, 대체로 날마다 찾아오는 것은 분명하다. 또한 운동을 가장 쉽게 할 수 있는 시간대도 정할 수 있고, 특정한 시간대에 운동을 하기 힘든 이유도 알 수 있다. 활력이 낮은 시간대에는 긴장감이 높아지고, 충동적 식사를 할 확률도 높다. 활력이 낮은 시간대에는 운동을 하기도 어렵다. 활력이 높으면서도 긴장감이 낮은 시간대가 운동을 하기에도 좋고, 집중력을 요하는 작업을 하기에도 적합하다.

당신은 아침형인가 아니면 저녁형인가

자연스러운 일상 속에서 하루의 활력과 긴장감의 흐름을 인식하는 과정은 우리가 하는 행동들의 바탕이 되는 중요한 감정들을 더 분명히 인식할 수 있다는 점에서 매우 소중하다. 무엇보다 과거에는 잘 몰랐던 자신의 행동들을 이해할 수 있다. 자신의 식사와 운동 성향을 알 수 있을 뿐만 아니라, 자신이 언제 부정적인 생각이나 우울한 생각을 하는지도 파악할 수 있다. 대부분 긴장과 피로를 느끼는 시간대일 것이다. 식사와 관련해서 자신을 더 잘 이해하고 싶다면, 활력과 긴장감의 등급을 더 세분화해 간식 충동을 느끼는 시간대도 기록하면 된다. 간식 충동 역시 활력과 긴장감 패턴과 관련이 있다는 것을 금세 알 수 있을 것이다. 이러한 기분 요소들이 우리의 식욕을 알려주는 신호 체계다.

우리가 활력을 정확히 인지하기 어려운 이유는 활력과 긴장을 혼동하기 때문이다. 긴장과 활력은 모두 '활성화'라고 볼 수 있는데, 대다수의 사람들이 이 두 가지 감각을 다르게 생각하지 않는다. 무엇보다 긴장이 활력의 수준에 영향을 미치는 것은 사실이지만, 긴장이 스트레스와 같은 여러 상황에 따라 일시적으로 발생한다는 점에서는 활력 일주기의 변화보다 예측하기 어렵다. 이렇게 활력과 긴장이 얽히고설킨 일상 속에서는 자연스러운 활력 리듬을 잃기 쉬우므로 조심해야 한다.

대체적으로 사람들은 활력이 떨어진 상태에서 일어나 늦은 오전이나 이른 오후가 되면 활력이 상승한다. 그리고 늦은 오후와 저녁에 다시 활력이 낮아지는 게 일반적이다. 하루가 끝날 즈음 활력이 떨어지기 전인 초저녁에 활력이 살짝 높아지기도 한다. 이러한 활력 주기 속에서 규칙적으로 활력과 피로의 짧은 순환이 일어난다. 즉, 오전 10시쯤에는 활기찬 느낌이 들고 11시쯤에는 약간 가라앉았다가 정오쯤에는 또다시 활력이 높아진다. 하루 중 가장 활력이 높은 오전 중에도 이렇게 짧은 순환이 일어난다. 물론 아침형 인간이냐, 저녁형 인간이냐에 따라 개인차가 발생하는 것은 당연하다.

나의 경험상 기분이 나쁜 습관을 만들 수 있다는 사실을 인식한 사람들은 자신들의 행동을 보다 효과적으로 관리하는 방법을 잘 안다. 그렇기 때문에 올바른 인식이 바로 좋은 기분의 열쇠다. 여러 해에 걸쳐 나는 기분과 기분이 행동에 미치는 영향을 명쾌하게 인식하는 데 도움이 될 만한 자기관찰법을 발견했다. 그것은 매일의 기분 변화를 파악하고, 중요한 시간대에 집중하며 배고픔과 포만감을 구분하고, 기분과 운동 그리고 휴식의 상호작용을 살펴보는 것이다. 이러한 자기관찰법은 감지하기 힘든 활력과 긴장감의 변화를 인식하기 위한 방법이다. 따라서 자기관찰에 성공하는 사람은 얼마든지 자신의 기질과 경험에 맞는 기분 조절법을 찾을 수 있다.

Good Mood

말이 기분을 좌우한다

말은 우리의 내적 감정에 영향을 미친다. 때문에 실제로 자신의 내면에 좋은 기분 상태가 아니라면, "잘 지내느냐?"는 질문에 "아주 좋아요"라고 선뜻 대답하기 어렵다. 그렇지만 일부러라도 "아주 좋아요"라고 대답한다면 무의식중에 등이 곧게 펴지고, 들이마신 숨이 뱃속 깊숙이 들어가며, 근육이 팽팽하게 긴장한다. 따라서 그 짧은 순간만으로도 기분이 한 단계 상승하게 된다.

02

감정적인 식사를 자제하라

　자신의 식습관을 관찰해본 적이 있는가. 식습관은 기분을 좌우하는 중요한 요소다. 따라서 올바른 식습관을 알면 자신의 기분도 잘 조절할 수 있다.

　자신의 식습관을 알기 위해서는 먼저 규칙적인 식사 외의 충동적 식사를 집중적으로 살펴봐야 한다. 그러면 불필요한 식사를 하는 경향을 부추기는 수많은 모임들, 시각적이고 후각적인 식품의 자극들, 그리고 그 밖의 다양한 상황들에 대해서 보다 잘 인식할 수 있다. 때로는 음식을 보거나 냄새를 맡아도 약간의 식욕만 느낄 뿐, 충동적 식사로 이어지지 않을 때가 있다. 그러나 대부분은 충동을 이기지 못하고 과식을 하게 되는데, 이때 중요한 것이 바로 기분이다.

　두 번째 관찰은 규칙적인 식사를 제외한 음식에 대한 충동을 체계적으로 기록하는 것이다. 동시에 활력과 긴장감의 수준도 기록한다.

배부르게 식사한 지 얼마 안 되었는데도 또 먹고 싶은 마음이 든다면, 그 충동을 기록하고 동시에 당시의 기분도 측정한다. 자신의 충동적 식사를 몇 번만 주의 깊게 관찰하면, 그 충동들이 얼마나 복잡하고 또 기분과 어떤 관련이 있는지도 알 수 있다. 또한 충동들 사이의 중요한 차이점도 깨닫게 된다. 예를 들어 하루 중 특정한 시간대, 주로 늦은 오후나 저녁에 심각한 충동을 느낀다거나, 특정한 시간대에 고칼로리 식품이 훨씬 더 강하게 끌린다는 사실들을 발견할 수 있다.

또한 특정한 상황에서 맛있는 음식을 먹고 기분이 개선되었던 과거의 경험이 우리의 잠재의식 속에 있다는 사실도 알게 될 것이다. 이러한 기억은 나중에 부정적인 기분이 조금만 들어도 충동적 식사를 부추긴다. 학습된 상황 속에서 경험한 특징들도 충동적 식사를 자극한다. 예를 들어 특정한 상황에서 먹었던 음식을 보거나 그 냄새를 맡는 것, 또는 누군가 그 음식을 먹고 있는 모습을 보는 것으로도 충동적 식사로 이어진다. 파블로프의 개처럼 말이다. 이러한 상황이 누구에게나 일어날 수 있다는 사실을 깨닫고 나면 충동적 식사를 조절할 중요한 열쇠를 손에 쥐게 된다.

평소 자신의 식습관을 관찰하라

올바른 식습관을 위해서 관찰 범위를 좀더 확대해보자. 이를테면 식사 전, 배고플 때의 기분이 어떤지를 관찰한다. 또 식사를 하는 동안 충분히 먹었을 때의 기분도 관찰한다. 때로는 단순한 포만감을 넘어 배가 터질 것 같은 느낌이 들 수도 있다. 앞서처럼 배고픔과 포만감의 정도와 함께 활력과 긴장감의 수준도 측정한다. 일기를 쓰듯 기록해도 좋고 활력과 긴장감 수준을 점수로 환산해서 나타내도 좋다. 자기관찰을 통해 얻은 자신에 대한 정보에 깜짝 놀랄 것이다.

배에서 꼬르륵 소리가 나고, 기운이 없거나 긴장감도 약간 느껴지는 상태, 사람들은 이러한 증상을 배가 고프다고 인식한다. 물론 배가 고픈 정도에 따라 느낌은 다르다. 하버드 대학의 장 메이어와 그의 동료들은 극도의 배고픔이 성마름, 초조함, 긴장감이라는 세 가지 감정으로 나타난다고 주장한다. 그는 허기져 있던 사람들이 먹는 행위를 시작하면 돌연 생기가 돌고 흥분하며, 서서히 평온한 만족감을 느끼게 된다는 사실도 발견했다. 종종 졸음을 느끼는 경우도 있지만, 그건 아마도 너무 많이 먹었기 때문일 것이다.

포만감은 쉽게 인식하기 힘들지만, 과식을 피하고 싶다면 건강한 포만감이 어떤 느낌인지 확실히 알아야 한다. 포만감을 인식하는 게 익숙해지면 적정한 선에서 몸의 생리적 요구를 만족시키는 식사가 가능해진다. 단순한 차이인 것 같지만 장기적으로 누적되는 열량 차이는 엄청날 것이다.

'접시 바닥보기!'라는 개념을 머릿속에서 지우려고 노력해라. 그리고 피곤함이 몰려오기 직전, 쾌적한 수준까지 긴장감이 낮아지고 활력이 솟는 느낌이 들면 먹기를 중단하는 것이다. 이렇게 미묘한 차이를 느끼려면 더 천천히 먹고 자신의 포만감의 수준을 주기적으로 관찰해야 한다. 음식이 소화된 후 심리적인 효과를 느끼기까지는 약간의 시간이 필요하다. 게걸스럽게 먹어대면 자기인식 과정이 합선을 일으켜 결과적으로 과식을 초래한다. 반면 천천히 먹고 이따금씩 멈추면서 몸이 반응할 시간을 주고 의식적으로 자신의 상태를 인식하면, 언제 숟가락을 내려놓아야 할지를 알 수 있다. 또 식사 후 다시 배가 고파지는 시간을 알고 있으면, 중간에 배가 고파지지 않도록 적당한 식사량을 정할 수 있다. 어쩌면 조금씩 자주 먹는 식사로 바뀔 수도 있다.

우울해서 먹겠다는 생각을 버려라

세 번째로 자신의 식사 성향에 영향을 미치는 골치 아픈 문제들과 자존감 상실에 초점을 맞춰 스스로를 관찰해보자. 자신이 안고 있는 문제들을 생각할 때마다 혹은 자기 자신에 대한 부정적인 생각들이 고개를 들 때마다 먹고 싶은 충동이 인다면, 세 번째 관찰이 특히 더 중요하다. 설령 충동적 식사와의 관련성은 찾지 못하더라도, 적어도 골치 아픈 문제들과 자존감 사이에 관련이 있다는 사실은 깨닫게 될 것이다.

부정적인 생각이 들 때마다 기분 다이어리에 그 생각들을 기록하고 활력과 긴장감의 수준을 체크한 다음 식품에 대한 충동이 생겼는지도 적는다. 긴장감의 수준이 아주 높을 때는 음식에 전혀 매력을 느끼지 못하는 반면, 긴장감의 수준이 적당한 때는 충동적 식사를 하게 된다. 이것이 공통적인 패턴이다. 한 시간 정도 시간을 두고 관찰해보면, 처음 흥분해서 긴장감을 느끼기 시작할 때는 배가 고프지 않다가, 시간이 좀 지난 다음에 유난히 배가 고파진다는 사실을 확인할 수 있을 것이다.

개인적인 문제들과 자신에 대한 부정적인 생각들이 기분과 어떤 관계가 있는지 관찰하는 것은 식사나 운동뿐 아니라 여러 면에서 가치가 있다. 부정적이고 우울한 생각들을 정확하게 이해하려면, 최근 수면 시간이 얼마나 되는지, 얼마 동안이나 육체 활동을 하지 않았는지, 마지막 식사는 언제 했는지, 그 밖에도 자신의 전반적인 건강 상태가 어떤지 등을 고려해야 한다. 다시 말해 긴장피로의 정도를 측정하는 것인데, 거의 모든 종류의 부정적이고 우울한 생각들은 긴장피로와 직접적으로 관련이 있기 때문이다.

실제로 어떤 시간대를 피해서 문제에 대해 생각해야 하는지 알려준다는 것만으로도 이번 관찰은 꽤 중요한 의미를 갖는다. 인지요법에서도 부정적인 생각들을 나쁜 기분의 맥락에서 다룬다. 특정한 시간대에는 문제들을 덮어두어야 한다. 물론 쉽지 않은 일이지만 불가능한 것도 아니다. 활력이 떨어지고 긴장감이 높은 시간에는 일단 고민을 접어두는 일부터 시작한다.

일반적으로 과식을 하기 전에는 부정적인 기분이 들지만, 개인차가 있기 때문에 무엇보다 부정적인 기분에 대한 자신의 반응을 인식해야 한다. 우울한 감정, 고독, 권태는 기분을 나타내는 지표이자, 충동적 식사에 매우 큰 영향을 미치는 요인이기도 하다. 예를 들어 활력이 떨어진 시간대에는 자신이 안고 있는 고민거리들 때문에 우울한 감정이 더욱 심해진다. 물론 그다음에는 음식에 대한 생각이 뒤를 잇는다. 마음속으로는 다이어트 결심을 되뇔지도 모른다. "결코 그 음식을 먹어서는 안 돼!" 그러나 결심을 되뇌기 무섭게 절망스러운 생각들이 꼬리를 문다. "내가 무슨 영화를 누린다고 다이어트에 목숨을 거는 걸까?" 이러한 생각은 기분을 더 악화시킨다. 결국 케이크에 손이 가고 한 입, 두 입 베어 물면서 통제권이 무너지고 자기수양의 노력이 흔적도 없이 사라진다. 물론 케이크 하나를 통째로 먹진 않겠지만, 먹다보면 배가 이미 부른데도 한 조각이 두 조각으로, 세 조각으로 늘어나기 마련이다. 나쁜 습관은 이렇게 기분과 생각의 복잡한 관계로 인해 몸에 익숙해진다.

기분과 생각의 패턴은 다이어트 실패의 공통적인 촉매다. 생물심리학적으로도 충분히 증명할 수 있다. 우울한 감정들은 불쾌하므로 어떻게든 벗어나고 싶어진다. 자기조절을 유도하는 것이다. 물론 이런 유도는 대부분 무의식적으로 일어난다. 우울한 감정은 곧 활력이 떨어진 상태이기 때문에, 이때 가장 분명한 치료제는 활력을 높여주는 음식이다. 음식은 비록 일시적이기는 하나 기분을 좋게 만들어 우울증을 몰아낸다. 연속적으로 일어나는 이 과정을 충분히 이해하면 잘못된 식습관을 조절할 수 있다.

03

활력이 느껴질 때 운동하라

　충분한 육체 활동은 육체적, 심리적 건강뿐만 아니라 체중 관리에도 필수다. 그럼에도 수많은 사람들이 규칙적으로 운동을 하겠다고 결심하고도 매번 실패하는 이유는 무엇일까? 혹시 운동 시간을 잘못 선택한 것은 아닐까? 몸을 움직일 약간의 활력조차 없는 시간대에 운동을 시도한 것은 아닐까? 운동을 꾸준히 지속하려면 활력이 떨어진 시간대는 피해야 한다. 바쁜 스케줄 때문이라면 어쩔 수 없지만, 어쨌든 활력이 바닥인 시간대를 고수한다면 장기적으로 운동을 지속할 가능성은 거의 없다.

　대체로 활력이 떨어지면 운동은 생각하고 싶지도 않은 일이 되어버린다. 반대로 활력이 높으면 계획했던 것보다 운동을 더 하고 싶어진다. 생물학적으로 그렇다. 따라서 평생 동안 규칙적으로 운동을 하고 싶다면, 활력이 높은 시간대에 운동을 해야 한다. 만약 매번 운동에 실패했다면, 운동을 시도했던 시간에 자신이 부정적인 기분을 느끼는지 주의 깊게 살펴보라.

10분이라도 일단 움직여라

　운동과 기분의 관계는 매우 밀접하다. 운동을 하기 전과 운동을 하는 동안의 기분과 생각들을 잘 관찰해보자. 먼저 활력과 긴장감의 수준을 측정하고 이제 곧 하게 될 운동에 대한 솔직한 생각을 기록한다. 물론 수면 시간이나 식사의 종류, 관찰한 시간대 등도 주의 깊게 기록한다. 자신이 운동을 하려고 계획한 시간대에 자연스럽게 긴장피로를 느끼고 있다면, 운동을 기피하는 게 당연하다.

　또한 운동을 하고 싶을 때 자신의 기분이 어떤지를 관찰한다. 어쩌다 한 번 운동을 하고 싶은 생각이 들었다면, 그때가 언제인가? 그때의 활력과 긴장감의 수준은 어땠는가? 하루 중 특정한 시간대에 운동을 하고 싶은 마음이 드는가? 어떤 음식을 먹었을 때 운동을 하고 싶은가? 수면 시간이나 스트레스 수준도 운동을 하고 싶은 마음과 관련이 있을까? 이 모든 것이 활력 및 긴장감 수준과 관련이 있다.

　적당한 운동은 일시적으로 활력을 높여주고, 장기적인 운동을 통해 단련된 몸은 더 높은 활력의 수준을 지탱한다. 물론 지나치게 강도 높은 운동은 활력을 떨어뜨리지만, 현대인들의 육체 활동 수준은 활력이 떨어지는 수준까지 이르지도 못한다. 운동이 긴장감을 낮춰

주기도 하는데, 운동과 긴장감과의 관계는 운동과 활력의 관계만큼 뚜렷하지는 않다. 어쨌든 운동이 기분에 미치는 영향은 수많은 연구를 통해서도 이미 입증되었다. 기분을 관리하는 데 있어서 육체 활동이 얼마나 큰 영향을 미치는지 충분히 인식하는 것이 중요하다. 이러한 인식은 자신의 통제력에도 영향을 미친다.

운동이 기분에 미치는 영향을 관찰할 때는 특히 '적당한 운동'이 중요하다. 운동과 활력의 관계가 가장 뚜렷하게 나타나는 경우가 바로 '적당한' 운동을 했을 때이기 때문이다. 걷기 운동을 하기 전에는 한 시간 이상 가만히 앉아 있다가 걷는 게 좋다. 운동의 영향을 측정할 때도 한동안 앉아 있거나 피로를 느낄 때, 몇 차례에 걸쳐 운동의 효과를 측정한다. 활력의 수준을 점수로 매긴 다음, 밖으로 나가 10분 정도 빠르게 걷는다. 약속 시간에 늦어서 서둘러 걸을 때와 비슷한 속도로 걸어야 하지만, 실제로 약속 시간에 늦었다는 생각을 할 필요는 없다. 그렇지 않으면 불안감이 생기기 때문이다. 호흡은 규칙적으로 깊게 쉬도록 한다. 자세는 되도록 똑바로 유지하되 일부러 팔을 흔들면서 걸으려고 근육을 긴장시킬 필요는 없다. 걷기가 끝나면 자리에 앉아 몇 분 동안 숨을 고르고 다시 활력을 측정한다. 걷기 전후의 긴장감도 측정할 수 있지만, 활력의 변화만큼 변화의 정도가 크지는 않다. 첫 번째 측정을 했을 때보다 두 번째에 더 활력을 느끼겠지만, 개인차가 날 수도 있다. 예를 들어 걷기 마니아라면 10분 정도의 걷기로는 아무런 효과도 느끼지 못할 것이다. 그러나 이 정도의 걷기가 자신에게 영향을 미쳤다면, 활력을 느끼고 싶을 때는 언제든지 밖으로 나가 잠깐이라도 걸으면 된다.

운동은 식욕을 억제한다

또한 적절한 운동은 불필요한 식욕을 억제하는 데도 매우 유익하다. 앞서 한 실험에서 단 5분을 걷고도 사탕을 먹고 싶은 식욕이 눈에 띄게 감소한 점에 대해 이야기했다. 여기서 얻은 정보는 단지 간식을 먹고 싶은 충동뿐 아니라 충동적인 식욕의 기본적인 특징을 이해하는 데 중요하다. 특히 활력이 낮을 때 식욕이 얼마나 상승하는지도 알 수 있다. 다이어트 중인 사람들은 음식에 대한 충동의 기복이 매우 심한데, 잠깐 동안이라도 이를 이겨내면 충동은 이내 사라진다. 아주 가벼운 운동으로도 먹고 싶은 충동을 줄일 수 있다. 잠깐만 운동을 해도 다이어트를 지속할 수 있는 것이다.

정말 그런지 확인하고 싶다면, 다음과 같이 해보자. 배부르게 먹은 지 얼마 되지 않았는데도 먹고 싶은 충동이 느껴진다면 그 충동을 점수로 매기고 활력과 긴장감을 측정한다. 그리고 5분 정도 빠르게 걷는다. 야외가 아니라 사무실에 있는 경우라면, 계단을 오르내리는 것도 괜찮다. 계단 오르내리기는 걷기, 오르기, 내려가기를 통해 다양한 근육을 움직여야 하기 때문에 좋은 운동이다. 계단을 오르내리거나 빠르게 걷는 동안 아는 사람을 마주친다면, 그냥 한 번씩 웃어주면 그만이다. 계단을 오르내리는 걸 보고 중대한 실험을 하고 있다고 생각할 사람은 없을 것이다. 삶을 바꿀 중대한 일임에는 틀림없지만 말이다.

걷기를 마친 후에는 다시 충동과 활력 그리고 긴장감을 측정한다. 우리 실험에 참가했던 대부분의 피험자들과 마찬가지로, 활력은 증가하고 긴장감은 떨어지며, 더불어 먹고 싶은 충동도 감소했다는 사실을 확인하게 될 것이다. 만약 5분 정도의 걷기로 충동이 줄어들지 않았다면, 시간을 좀더 늘려 10분 동안 걸어볼 수도 있고 스트레칭을 더 할 수도 있다. 어쨌든 목표는 적당한 운동이 활력과 기분에 어떤 영향을 미치는지 확인하는 것이다.

좀더 강도 높은 운동의 효과도 측정해보자. 45분 정도 에어로빅을 규칙적으로 하거나 8킬로미터 정도 달리기를 거뜬히 하는 사람이라면, 이 정도의 운동이 기분에 어떤 영향을 미치는지 정확히 알고 있어야 한다. 운동을 오랫동안 한 사람이라면 충분히 알고 있을 것이다. 운동 전후의 활력과 긴장감을 측정해보면 그 결과에 상당히 놀랄 것이다. 그러나 여기서 중요한 것은 운동 직후뿐 아니라 한두 시간이 지난 다음의 기분도 주목해야 한다는 점이다. 강도 높은 운동을 한 직후에는 활력이 떨어지지만 어느 정도 회복이 된 후에는 활력이 높아진 것을 깨달을 것이다. 그리고 이 활력은 한동안 지속된다.

역기 운동 같은 저항력 운동이 기분에 미치는 긍정적 효과에 대해서도 알아볼 수 있다. 이때도 명심해야 할 것은 운동 직후와 시간이 조금 지난 후의 활력과 긴장감을 집중해서 관찰하는 것이다. 근육의 긴장이 심리적 긴장의 중요한 부분을 차지하기 때문이다. 특히 여러 근육이 긴장과 이완을 반복하는 저항력 운동은 불안감에 상당히 긍정적인 영향을 미칠 뿐 아니라 자연스럽게 활력이 올라가는 기분도 느낄 수 있다.

Good Mood

나쁜 기분은 독과 같다.

줄이 맞지 않은 기타는 끔찍한 소리를 낸다. 조율이 안 된 기타로는 조화로운 화음을 낼 수 없다. 나쁜 기분도 비슷하다. 나쁜 기분은 우리 영혼이 조율되지 않은 것이다. 나쁜 기분은 우리의 영혼을 변색시키고 우리의 정신 속으로 들어와 우리의 몸을 병들게 한다. 언짢거나 우울한 기분이 장기적으로 지속되면 위궤양, 편두통, 비만, 활력저하 등 심각한 질병을 유발한다.

04
부정적인 감정에서 벗어나라

지금까지 우리는 긴장피로 상태가 되면 얼마나 쉽게 다이어트 결심이 무너지는지를 배웠다. 이제 그 긴장피로를 효과적으로 해결하는 방법에 대해 알아보자. 그것들을 대충 나열해보면 적당한 운동, 낮잠, 적량의 영양분, 근육 이완 그리고 하루 중 기분이 가라앉는 시간대에는 부정적인 생각일랑 덮어두는 것 등을 들 수 있다. 앞서 여러 가지 방법을 통해 우리는 활력 저하와 긴장감 상승이 진짜 문제라는 사실을 깨달았다. 이제 '의식적인 무시'가 필요한 시점이다. 이것은 일종의 '생각의 힘'이다. 우리가 충동적 식사에 저항하고, 적절한 운동을 통해서 보다 건강한 삶을 살기 위해서는 바로 이 '의식적인 무시'가 필요하다.

의식적인 무시가 필요하다

다이어트를 중단하고 싶은 충동과 함께 좋아하는 음식들이 눈앞에 아른거릴 때, 이러한 충동들은 긴장피로로 인해 더욱 증폭된다. 이 달갑지 않은 상태는 '의식적인 무시'를 통해서 벗어나야 한다. 단순히 이러한 충동들을 회피하는 것이 아니다. '의식적인 무시'는 자기관찰에서 얻은 자신의 활력 일주기 정보를 활용하는 것이다.

예를 들어 너무 오랫동안 앉아 있어서 활력이 떨어졌다면, 운동을 조금만 해도 활력이 높아진다는 사실을 알고 있다. 혹은 긴장피로를 느끼고 있다면 그 원인도 알고 있다. 전날 밤에 잠을 덜 잤다면, 낮잠을 잘 수도 있고 앞으로는 잠을 더 자야겠다고 결심할 수도 있다. 또는 활력 일주기 기록을 보고 활력이 떨어진 시간대라는 것을 확인하거나 끼니를 걸러서 피곤하다는 사실을 깨달을 수도 있다. 자연스러운 활력 리듬에 따라 먹고 싶은 충동이 곧 사라질 거라고 결론을 내려 충동적인 식사를 막을 수도 있다. 이외에도 자신의 기분에 관한 정보들을 이용해 집요한 충동들을 무시할 수 있다.

긴장과 피로 같은 부정적인 감정을 느낀다면, 우선 적당히 운동했을 때의 상태를 기억해 가벼운 산책을 하거나 의도적으로 몸을 움직여서 활력을 높이고 식욕을 줄인다. 운동을 시작하기는 어렵지만, 운동이 기분에 어떤 영향을 미치는지 자기관찰을 했다면, 간단한 운동만으로도 그 효과가 엄청나다는 사실을 알고 있을 것이다. 그리고 육체 활동이 몸에 활력을 불어넣어 운동량을 자연스럽게 조금 더 늘리도록 만들어준다는 사실도 알고 있을 것이다.

가벼운 긴장피로와 그 영향은 감지하기가 쉽지 않다. 하지만 가벼운 긴장피로는 증세가 나타나자마자 손을 쓰지 않으면 나중에는 통제할 수 없을 정도로 심각해질 수 있다. 이럴 때는 자기관찰로 얻은 정보와 긴장피로에 대응할 수 있는 방법들에 대한 지식을 활용하면 된다. 주의해야 할 점은, 몸이 축 늘어지고 기운이 없을 때 이를 회복시키지 않고 그대로 둔다면 상태는 더욱 악화된다는 점이다.

이전까지는 우울한 감정을 먹는 것으로 해결했을지는 모르지만, 이제는 그 우울의 원인이 무엇인지 분명히 알고 있다. 우울한 기억과 미래에 대한 암울한 생각들이 이제는 낮은 활력과 높은 긴장감으로 인한 자연스러운 반응의 일부라고 인식해야 한다. 이전에는 우울한 생각을 폭식과 폭음으로 해결하려고 했었다면, 이제는 우울한 생각들이 자연스러운 활력 일주기의 영향 때문이라는 사실을 깨달아야 한다. 그러면 충분히 생각을 조절할 수도 있다.

운동과 이완법들을 떠올리면 틀림없이 당장은 운동을 하기 싫다거나 이완법들이 너무 힘들다는 생각이 고개를 쳐들 것이다. 어쩌면 그냥 먹고 늘어져 쉬고만 싶을지도 모른다. 그러나 자기관찰에서 얻은 지식으로 당신은 '기분전문가'가 되었다. 따라서 얼마든지 자제력을 발휘할 수 있다. 물론 강력한 기분에서 비롯된 부정적인 충동들을 극복하기 위해 당신의 지식과 정신을 적극적으로 활용해야 할 것이다.

05
적극적으로 휴식하라

　지금껏 우리는 활력을 높이고 긴장감을 줄여서 나쁜 기분을 좋은 기분으로 조절할 수 있다는 사실을 확인했다. 활력을 높이고 긴장감을 줄이는 데 가장 확실한 방법은 운동이라는 사실도 알았다. 하지만 그게 전부는 아니다. 운동 이외에도 긴장감을 줄이는 효과적인 방법들이 있다. 바로 적극적으로 휴식을 취하는 것이다. 그런데 의외로 사람들은 휴식을 통해서 기분을 바꿀 수 있다는 사실을 잘 모르는 것 같다. 그 이유는 휴식이 기분을 조절하는 데 긍정적인 효과가 있다는 것을 미처 모르기 때문이다. 그 이유는 무엇일까? 10분 동안의 가벼운 산책이 주는 즉각적인 효과와 달리, 명상과 같은 정적인 휴식은 익숙해질 때까지 일정한 시간이 걸리기 때문이다. 긴장감을 줄이는 데 탁월한 효과를 가지고 있지만, 단번에 성공을 거두리라는 기대를 접지 않으면 선뜻 이용할 수가 없다.

휴식은 선택이 아닌 필수

휴식은 매우 다양한 방식으로 효과를 불러온다. 예를 들어 근육 이완과 마사지는 곧바로 근육의 긴장감을 풀어주고, 우리의 생각도 긍정적으로 바꿔준다. 집중력 강화를 도와주는 명상이나 심상화(心想化)에 능숙한 사람들은 긴장감을 유발하는 생각들을 통제할 수 있으며, 결과적으로 몸 전체의 긴장자극을 줄일 수 있다. 몸과 정신을 동시에 사용하는 요가, 태극권과 같은 명상적인 운동들은 근육의 긴장과 인식 체계에 동시에 영향을 미친다. 이처럼 생각과 근육의 긴장을 모두 조절하는 방법을 배우는 것은 얼마든지 가능하다. 다만 연습이 필요하다. 한 번 강습을 받았다고 테니스 선수가 될 수 없는 것처럼, 명상이나 근육 이완법을 능숙하게 하기 위해서는 부단한 노력이 필요하다.

명상을 통한 긴장감 감소는 식사에도 중요한 영향을 미친다. 식사 전에 명상을 해보면 그 효과를 분명히 알 수 있다. 명상 후에 식사를 하면 더 천천히 먹게 되고 맛을 음미하며 즐기게 된다. 명상으로 평온함을 느낀다면, 허겁지겁 배를 채우는 게 아니라 차분하고도 즐겁게 식사를 즐길 수 있다. 물론 덜 먹게 된다.

명상법을 소개하는 책들은 아주 많다. 그 중에서 명상법 대중화에 앞장선 하버드 의과 대학의 허버트 벤슨은 《마음으로 몸을 다스려라The Relaxation Response》에서 투쟁 도주반응의 상대적 개념으로서 이완을 위한 네 가지 기본 요소를 주장했다. 조용한 환경, 생각을 집중하는 데 도움이 되는 도구(조용한 소리나 단어 혹은 음악 등), 수

동적인 태도(의식적으로 생각을 펼치지 말고 반복되는 음악이나 소리에 맡기는 태도), 편안한 자세(과도하게 근육을 긴장시키는 자세는 피한다)가 그것이다.

조용한 소리나 음악처럼 생각을 집중하는 데 도움이 되는 도구는 일종의 생각을 통제하기 위한 도구다. 차분하고 기분 좋은 소리나 음악에 집중할 때는 불안감을 가중시키는 문제들을 잠시 접어둘 수 있다. 스트레스 관리 전문가들마다 이를 다르게 표현하는데, '깨어 있는 마음' '순간의 살아 있음' '심상화' 혹은 집중력을 강화하는 여러 방법들이 모두 이런 상태를 의미한다. 일부 명상가들은 반드시 자신에 대한 긍정적인 말에 집중해야 한다고 주장한다. 이른바 '자기긍정'을 해야 한다는 말이다. 이러한 모든 방법들이 불안감을 일으키는 생각에서 관심을 거두어 긍정적이고 자연스러운 생각으로 관심을 기울일 수 있게 해준다.

비록 명상이나 스트레스 관리법의 주된 효과는 긴장감의 감소이지만, 더불어 활력이 높아지는 것도 경험할 수 있다. 특히 활력이 떨어진 시간에 이 방법들을 활용하면 더욱 효과적이다. 예를 들어 자연의학을 실천하는 의사로 유명한 앤드류 와일은 자신의 책 《호흡: 자가치유의 만능열쇠》에서 호흡의 방법에 따라 긴장감을 줄일 수도 있고, 활력을 높일 수도 있다고 주장한다. 그는 호흡이 스트레스 관리법의 가장 기본적인 요소라고 주장한다. 긴장할 때의 호흡은 얕고 빠른 것이 특징인데, 역으로 호흡을 조절하면 긴장감을 조절할 수 있다는 것이다. 이완 상태의 호흡을 하면 평온함을 느낄 수 있는데, 와일은 호흡법으로 여러 가지 충동을 효과적으로 없앨 수 있다는 사실을 몸소 경험했다고 한다. 호흡이 긴장감을 줄이고 활력을 늘려준다면 충분히 가능한 이야기다. 와일이 소개하는 호흡법 중 활력을 주는 호흡법은 입을 살짝 다문 상태에서 코로 빠르게 숨을 내쉬고 들이마시는 것이다. 들숨과 날숨의 길이가 같아야 하며 가능한 한 짧아야 한다. 편안한 상태에서 가능하면 들숨과 날숨을 초당 세 번씩 반복하는 게 좋다. 이렇게 숨을 쉬는 동안에 횡격막과 폐의 운동이 빨라지고 숨소리도 크게 난다. 이 호흡법은 처음에는 15초 이상 지속해서는 안 되며 곧 정상적인 호흡으로 돌아와야 한다. 두 번째부터는 1분이 될 때까지 매번 5초씩 시간을 늘리는 것이 좋다.

이완을 위한 호흡법은 코로 조용히 숨을 들이쉰 다음 혀를 둥글게 말고 입을 오므려 '후' 소리를 내며 내쉰다. 몇 번 반복하면 편안하게 날숨을 쉴 수 있다. 이완호흡법은 처음에 코로 날숨을 다 내뿜고 나서 시작한다. 그다음에 넷을 세는 동안 코로 숨을 들이쉬고, 일곱을 셀 동안 숨을 참은 다음, 다시 여덟을 셀 동안 천천히 입으로 뱉는다. 이렇게 네 번을 반복한다. 여기서 중요한 것은 들이쉬고, 참고, 내쉴 때의 박자를 지키는 것이다. 네 번의 호흡 주기가 끝나면 다시 정상 호흡으로 돌아온다.

위의 두 가지 호흡법을 종종 활용하면서 호흡 전후의 활력과 긴장감의 수준을 측정해볼 수도 있다. 호흡을 한 후에 음식에 대한 반응을 살피는 것도 빠뜨리지 않도록 한다.

이외에도 빠르고 가벼운 산책과 비슷한 활력 증강 효과를 내는 명상 종류가 또 있다. 방송인 조지 해리스가 고안한 명상법은 가만히 앉아서 하는 명상보다 걷기를 좋아하는 사람들을 위한 명상법인데,

땅을 디딜 때마다 숫자를 세면서 걷는 것이다. 또는 좋아하는 음악의 리듬에 맞춰 걷기도 한다. 해리스는 최근에 베네딕트 수도사들을 연구하면서 의미 있는 기도문의 반복이 신앙심을 고취시킬 수 있지만, 운동과 명상의 효과도 있다는 사실을 발견했다. 이 방법을 사용할 때도 전후 활력과 긴장감뿐 아니라 식사에 대한 반응도 빼놓지 않고 관찰하도록 한다.

이처럼 우리는 다양한 방법으로 휴식을 취할 수 있다. 이러한 휴식을 통해서 우리의 기분을 보다 효과적으로 조절할 수 있다. 따라서 이제 휴식은 좋은 기분을 위한 선택이 아닌 필수적인 과정임을 분명히 알아야 할 것이다.

Good Mood

성공적인 기분관리

지속적으로 좋은 기분을 유지하기 위해 필요한 것은 바로 자기 자신을 정확하게 관찰하는 것이다. 매일의 생존전쟁에서 기분이 갖는 복잡성을 파악하고 그 상호작용을 이해해야 한다. 그리고 활력 긴장의 육체적, 정신적 주기가 우리로 하여금 어떤 대체물(음식이나 약물 등)을 취하게 만드는지를 자각해야 한다.

Mood Cafe

최적의 기분을 위한 다양한 방법들

불쾌한 감정을 밀어내고 좋은 감정을 느끼고 싶어하는 것은 우리의 자연스런 반응이다. 이를 위해 사람들은 다양한 방법으로 자신의 기분을 조절한다. 기분을 조절하는 과정은 대부분 무의식적으로 일어난다. 그러나 이러한 과정을 의식적으로 살펴보면 기분도 어느 정도 통제가 가능하다. 물론 과식과 운동 기피를 유발하는 부정적 기분들과 정면으로 상대하기란 쉽지 않다. 그렇지만 자신의 기분을 이해하고 동시에 체계적으로 기분을 관리한다면 얼마든지 가능하다. 일단 기분을 관리하기 시작하면, 체중 조절도 어렵지 않고 운동도 규칙적으로 할 수 있다. 무엇보다 최고의 이점은 유행병처럼 만연하는 우울증과 불안감을 예방할 수 있다는 점이다.

기분을 효과적으로 조절하기 위해서는 먼저 자신의 기분을 관찰해야 한다. 관찰을 통해서 자신의 기분을 올바로 인식한다면 어느 정도 기분을 통제할 수 있다. 예를 들어 스트레스 일지 쓰기는 좋은 기분 관찰법이다. 스트레스 일지에 기분을 좋게 하는 방법으로 어떤 행동을 하는지를 기록한다. 또 기분이 언짢을 때는 보통 어떤 행동을 하는지도 적는다. 좋은 기분을 더 좋게 하기 위해서 어떤 생각이나 행동을 하는지 등을 기록한다. 이런 식으로 자기 자신의 기분 조절 방법을 이해하는 것은 매우 효과적이다.

특히 여성들이 자주 이용하는 방법은 사회적 교류, 즉 '만남'이다. 그다음으로 자주 이용하는 방법은 생각을 바꿔보는 것이다. 긍정적으로 생각하거나 다른 생각에 집중하기도 하고 스스로에게 격려를 보내기도 한다. 음악도 자주 이용하는 방법 중 하나다. 이외에도 다양한 방법들이 이용된다. 세 명 중 한 명은 기분이 안 좋을 때 뭔가를 먹는다고 한다. 아마도 음식으로 기분을 조절하려는 사람이 훨씬 더 많을 것이다. 따라서 비만인 사람들 중에는 단지 기분 때문에 살이 찐 사람도 있을 것이다. 하지만 우리가 집중해야 하는 부분은, 세 명 중 한 명은 기분이 좋지 않을 때 운동을 선택한다는 사실이다. 이들은 최고의 기분 조절방법을 알고 있으며, 이를 삶에 적극 반영하는 사람들이다.

하루를 이기는 힘
좋은 기분

초판 1쇄 인쇄 2012년 7월 9일
초판 1쇄 발행 2012년 7월 16일

지은이 | 로버트 E. 테이어
옮긴이 | 김학영
펴낸이 | 성미옥
펴낸곳 | 생각속의집

출판등록 | 2010년 5월 18일 제300-2010-66호
주소 | 서울시 종로구 혜화동 53-9 2층
전화 | (02) 318-6818 팩스 | (02) 318-6613
전자우편 | houseinmind@gmail.com

ISBN 978-89-965253-3-2 13320

* 값은 뒤표지에 있습니다
* 잘못된 책은 구입하신 서점에서 교환해 드립니다.

Health, Healing and Happiness
몸과 마음이 건강해야 행복이 더 풍성해집니다